D1117874

COMMENT FAIRE L'AMOUR TOUTE LA NUIT

Dr Barbara Keesling

COMMENT FAIRE L'AMOUR TOUTE LA NUIT

L'orgasme multiple au masculin

Préface du Dr Ronald Virag

*Traduit de l'américain
par Anne Michel*

Albin Michel

Édition originale américaine :
HOW TO MAKE LOVE ALL NIGHT (AND DRIVE A WOMAN WILD)
© Barbara Keesling, Ph. D., 1994

Traduction française :
© Éditions Albin Michel S.A., 1996
22, rue Huyghens, 75014 Paris
ISBN 2-226-08491-6

Ce livre est dédié à mes patients

SOMMAIRE

Préface
Devenir un « French Lover »

Les Américains admirent et envient aux Français leur patrimoine artistique, la richesse de leurs cépages et leur cuisine ainsi que leur solide réputation d'amants incomparables. Au contraire d'une recette de Robuchon, d'une bouteille de Romanée Conti ou d'un tableau de Claude Monet, le « french lover » est anonyme et bénéficie d'une espèce de franchise mythique qui fera tout de suite remarquer sa nationalité, sur un campus universitaire comme dans la bonne société new-yorkaise. Cependant, tout comme les meilleurs exégètes de la nouvelle cuisine, de nos vins ou de nos plus grands écrivains et peintres sont des diplômés américains, les meilleurs observateurs de la sexualité sont issus des mêmes universités. La méthodologie suivie est identique quel que soit le domaine étudié : simplification, travail d'analyse et définition des moyens techniques permettant d'acquérir une connaissance sans faille du sujet, puis mise en pratique univoque. On peut prendre ce qu'il y a de meilleur et on tente de le mettre à la portée du plus grand nombre. C'est à ce travail que s'est livré l'auteur de cet ouvrage vis-à-vis de la vie sexuelle du couple au travers de l'orgasme masculin.

En effet, dans le comportement sexuel commun du plus grand nombre, la conduite habituelle comporte des préliminaires plus ou moins longs amenant chacun des participants à un degré d'excitation qui autorise le coït ; puis une période d'interpénétration d'une durée variable, dont la moyenne n'excède pas trois à quatre minutes, qui culmine à l'orgasme si possible simultané des deux composantes du couple, matérialisé par *l'éjaculation* de son élément masculin.

Cette séquence amoureuse est suivie d'une *période réfractaire* plus ou moins longue (de quelques minutes à plusieurs heures, voire à plusieurs jours) variant en fonction de dispositions génétiques, hormonales et comportementales encore mal connues, et qui sont plus le fait du mâle que de sa compagne.

La plupart des hommes en effet, et ceci sans aucune anomalie, ne sont capables que d'un orgasme unique généralement rapide dans l'immédiat d'une séance amoureuse et ont besoin d'un temps de récupération plus ou moins long avant de pouvoir répéter l'acte sexuel ; alors même que pour leurs compagnes il est possible, le plus souvent, d'avoir un orgasme prolongé ou répété et d'être plus rapidement disponible pour une nouvelle étreinte amoureuse.

Quand la distorsion entre ces deux *habitus* est trop marquée, il s'ensuit des problèmes de couple qui peuvent se focaliser, par méconnaissance de la physiologie de chacun, sur le prétendu égoïsme de l'un, ou la froideur, voire la frigidité de l'autre. Sur un plan statistique, pas plus de la moitié des hommes sont capables de deux orgasmes consécutifs lors d'une séance amoureuse un peu prolongée, moins de vingt pour cent peuvent répéter l'acte trois fois, quant à ceux capables naturellement d'un orgasme multiple – c'est-à-dire de la *répétition d'orgasmes sans perdre l'érection* –, ils sont l'exception : moins de dix pour cent selon le premier rapport Kinsey, chiffres confirmés par des études les plus récentes.

On nous propose ici de transformer par l'éducation et l'apprentissage une situation exceptionnelle en un comportement quotidien, à l'aide d'un entraînement programmé. En un mot, apprendre à contrôler au mieux ses réactions physiologiques pour plus de jouissance. Cela suppose avant tout une connaissance de sa propre physiologie et des mécanismes de la réaction sexuelle. L'érection, la faculté qu'a le pénis de devenir rigide, est automatique et ne peut être commandée directement par le cerveau. Lors de l'acte sexuel, elle persiste tant que l'éjaculation n'a pas eu lieu. Elle est le fruit des stimuli divers qui lui sont appliqués, des fantasmes qui excitent les centres cérébraux et exacerbent le *désir d'orgasme*, lequel à un moment donné va devenir irrépressible. C'est alors que l'éjaculation survient, avec les violentes poussées musculaires qui propulsent puissamment le sperme, avant qu'au terme de quelques brèves secousses supplémentaires, le château de cartes érectile ne s'écroule.

La méthode proposée ici prend acte de plusieurs facteurs, souvent méconnus de la plupart, y compris des spécialistes :

– Le *point de non retour* est le point limite de l'excitation au-delà duquel *il n'est plus possible de contrôler* la phase active spasmodique de l'éjaculation. Il sépare de quelques secondes la courte phase dite d'émission, au cours de laquelle une zone limitée de l'urètre située sous la prostate, entre deux verrous musculaires, se remplit de sperme, provoquant la distension du réceptacle, et l'expulsion proprement dite, quand l'excitation nerveuse locale déclenche la contraction des muscles entourant verge et urètre. Ce sont ces quelques secondes, séparant ces deux phénomènes, qu'il faut apprendre à la conscience à reconnaître pour contrôler son orgasme.

– *Orgasme* et *éjaculation* sont contemporains mais peuvent être dissociés, et l'un peut survenir sans l'autre. L'orgasme est une manifestation, les neuropsychiatres diront un événement sensoriel cérébral. L'éjaculation, elle, en est la partie purement génitale.

– C'est la partie *expulsion* de l'éjaculation qui conditionne en grande partie la perte de l'érection qui lui succède.

Or, la verge est entourée d'un faisceau de muscles striés, ayant le même principe de fonctionnement que le biceps ou les muscles de la cuisse, dont l'auteur a simplifié la nomenclature en l'appelant muscle pubo-coccygien. Il est en fait composé de trois séries de muscles qui entourent la base de la verge, et portent les noms barbares d'ischio-caverneux, bulbo-caverneux et compresseur hémisphérique du bulbe.

Dans la réaction sexuelle habituelle, ils sont responsables, la verge étant en érection, du surcroît de rigidité que l'excitation leur donne en les contractant ; c'est également leur contraction qui est responsable des spasmes de l'éjaculation. Ils travaillent en symbiose avec le reste de la musculature périnéale. *Fait majeur, ils sont contrôlables et « contractables » par la volonté.*

C'est d'abord par la reconnaissance de leur existence et par leur contrôle qu'on accède à la méthode proposée pour obtenir cette optimisation de l'acte sexuel appelée l'orgasme multiple.

Que cherche-t-on ici ? En fait on prend acte du décalage habituel du moment de survenue de l'orgasme masculin, « en avance » et de l'orgasme féminin, « en retard » par rapport à l'idéal d'une harmonie culminant à l'orgasme « communautaire ». La méthode nous propose d'abord et avant tout de transformer le premier orgasme masculin (souvent le seul habituellement) en un orgasme « sec » sans éjaculation de manière à ne pas « débander » et à pouvoir poursuivre l'acte jusqu'à éjaculer au moment où Madame sera à l'acmé de son propre plaisir.

Même si la méthodologie est astreignante car dénuée du romantisme que présuppose, pour « un french lover », l'acte amoureux, elle a l'immense avantage d'ouvrir à chacun les yeux sur le vide sensoriel fréquent qu'implique un acte réflexe, peu contrôlé, jamais appris, où l'ignorance se réfugie derrière les sentiments.

Le véritable jogging des muscles périnéaux qu'on nous enseigne, en même temps qu'une méthode respiratoire et cérébrale de contrôle de l'activité sexuelle, présuppose une intégrité physiologique totale en particulier au niveau de l'érection (si à ce niveau des troubles existent ou si l'éjaculation est vraiment incontrôlable, il faudra consulter un spécialiste des dysfonctions sexuelles). La méthode permet essentiellement un renforcement des perceptions sensorielles qui n'intéressera que ceux qui inscrivent la réalisation de l'acte dans la perspective d'une harmonie affective du couple. C'est l'antithèse du peu amène « qu'importe le flacon, pourvu qu'on ait l'ivresse » de Musset. C'est la porte ouverte à un surcroît de sensations qui peut consolider, équilibrer, ou rééquilibrer un couple grâce au « spasme d'Eros » (Paul Valéry) musclé par l'entraînement approprié, prôné par madame Keesling.

Dr Ronald Virag

INTRODUCTION

Daniel et Allison sont dans les bras l'un de l'autre un dimanche matin pluvieux, tous deux au paroxysme du désir. Ils ont commencé par un lent massage sous la douche, puis ils sont passés dans la chambre où ils font l'amour depuis dix minutes. Daniel sait que leur union doit durer au moins encore cinq minutes pour qu'Allison connaisse l'acmé. Pourtant, Daniel craint de ne pas pouvoir tenir cinq minutes de plus.

S'il continue à faire l'amour au même rythme, dans quelques secondes, il sera submergé par le plaisir. Il songe bien à ralentir ou à s'arrêter, mais cela risque de perturber Allison – il sait qu'à ce point du désir, tout changement, si léger soit-il, la frustrera de sa jouissance. En outre, s'il essaie de suspendre ou de modifier sa cadence, il va perdre la force de son érection, ce qui compliquera encore les choses.

Ce dilemme rend la situation beaucoup moins agréable. Les premières minutes étaient pure excitation, mais à présent Daniel se sent inquiet et indécis. Il est difficile d'éprouver du plaisir à faire l'amour lorsqu'on lutte contre son propre corps. En réalité, c'est même *impossible*. Et cela est vrai aussi pour votre compagne.

Ce que Daniel ne sait pas encore, c'est qu'une autre possibilité s'offre à lui : *l'orgasme multiple masculin*. L'homme multiorgasmique sait moduler son désir. Il n'a pas besoin de se retenir. Il n'a pas besoin de lutter contre son propre corps et de refouler son plaisir. Il peut jouir de ses sensations érotiques, atteindre l'extase et *continuer* ! S'il le désire, il peut avoir un second orgasme et prolonger l'union aussi longtemps que le souhaite sa partenaire, ressentir toute l'excitation et la jouissance possibles et *continuer* ! Pour l'homme multiorgasmique, le septième ciel est l'unique limite.

Daniel n'est pas le seul homme à avoir cette merveilleuse possibilité. Aujourd'hui, des techniques permettent à presque *tous les hommes* d'avoir des orgasmes multiples. Quel que soit l'âge. Quelle que soit l'expérience sexuelle. Que vous soyez jeune ou vieux, expert ou novice, tout ce dont vous avez besoin, c'est d'en avoir envie et d'y consacrer quelques minutes par jour. Alors, ne vous arrêtez pas là. Tournez la page et découvrez la méthode qui vous permettra de changer du tout au tout votre sexualité et l'intimité de votre couple.

REMERCIEMENTS

Il y a de nombreuses personnes que j'aimerais remercier :

D'abord mes collègues Anita Banker et Michael Riskin pour m'avoir aidée à mettre au point plusieurs de ces techniques.

Ensuite mon agent Barbara Lowenstein qui a su apprécier la valeur de ce projet, ainsi que mon éditeur, pour leur travail consciencieux sur ce livre.

J'aimerais tout spécialement remercier mes patients qui ont expérimenté ces techniques et m'ont fait part de leurs précieuses critiques.

Enfin, merci à John, mon mari, pour son aide informatique, ses commentaires sur le manuscrit et son soutien.

Avertissement

Certains des exercices proposés dans ce livre mènent à l'orgasme. Or, l'orgasme produit une accélération du rythme cardiaque. Si vous avez un problème cardiaque ou une autre maladie grave, consultez votre médecin avant de vous lancer dans un programme d'exercices.

Changez vos fantasmes
en réalité

Toutes les femmes rêvent d'un amant passionné et attentif avec qui elles pourraient partager leur plaisir des heures durant, et tous les hommes rêvent de satisfaire ce désir, de pouvoir faire l'amour aussi longtemps qu'ils le souhaitent pour mener leur compagne à l'extase. Un fantasme certes merveilleux, mais peut-il devenir réalité ?

Quand vous aurez lu ce livre, vous aurez une idée radicalement différente de vos ressources sexuelles. Vous saurez prolonger vos unions au gré de vos envies et de celles de votre partenaire. Les hommes auront appris à maîtriser leur corps, à jouir sans perdre leur désir et à atteindre l'orgasme multiple, exactement comme une femme.

Qu'une telle activité sexuelle soit accessible à *tous* paraît difficile à croire. On l'imagine à la rigueur chez un jeune homme de vingt ans plein d'énergie ou chez un yogi aux pouvoirs extraordinaires, ou bien les premiers temps d'une liaison torride, si vous avez le privilège d'en vivre une, mais elle ne semble pas à la portée de monsieur Tout-le-Monde. Pour la plupart des hommes normalement constitués, l'idée de faire l'amour toute une nuit à volonté – quel que soit leur âge ou leur nombre d'années de mariage – relève du fantasme. Jusqu'à aujourd'hui. Mais aujourd'hui, ce fantasme va devenir réalité.

Dans ce livre, les hommes apprendront à explorer leur sexualité et à en jouir de façon insoupçonnée. Ils découvriront que l'orgasme multiple masculin n'est pas pur fantasme, mais une réelle possibilité. Ils verront comment un homme qui connaît l'orgasme multiple peut amener sa compagne à une jouissance dont ni l'un ni l'autre n'avaient osé rêver.

La faculté de contrôler son désir – de rester en érection toute la nuit, littéralement – n'est pas l'apanage des maîtres orientaux. Beaucoup d'hommes ont déjà acquis une maîtrise de leur corps que vous pouvez à peine imaginer. Ils sont capables d'avoir des orgasmes multiples (deux, trois ou même plus) sans que leur désir faiblisse, et font connaître à leur compagne les délices du plaisir nuit après nuit. Et il ne s'agit pas de surhommes, mais de mâles normaux, tout à fait ordinaires, jeunes ou vieux, maigres ou gros, timides ou audacieux. Certains font l'amour une fois par semaine, d'autres presque chaque jour. Tous pourtant ont une chose en commun : le désir d'épanouir leur sexualité et de combler leur partenaire, et la discipline de s'initier à une technique simple.

J'en connais personnellement plus de deux cents. Il ne s'agit pas d'amis ou d'amants, mais d'hommes qui ont découvert les secrets de l'orgasme multiple et de l'endurance sexuelle dans les différents centres où j'ai travaillé. Au cours de ces dix dernières années, j'en ai moi-même formé plus d'une centaine en thérapie individuelle et j'ai participé, de près ou de loin, aux traitements et aux progrès de dizaines d'autres lors de mes recherches.

Avant d'aller plus loin, j'aimerais préciser un fait extrêmement important : *je n'ai jamais rencontré un homme motivé qui n'ait pas réussi à maîtriser les techniques permettant d'atteindre l'orgasme multiple. Pas un.* Chacun d'entre vous peut donc en faire autant s'il suit à la lettre les exercices présentés dans ce livre.

Si vous êtes une femme, des horizons extraordinaires vont s'ouvrir à vous et des plaisirs insoupçonnés vous attendent. Que vous choisissiez de travailler avec votre compagnon tandis qu'il fait l'apprentissage de ces techniques ou que vous vous contentiez de l'accompagner dans sa découverte, votre intimité de couple va être à jamais bouleversée.

Si vous êtes un homme, vous êtes sur le point de vous engager dans une nouvelle relation : une relation radicalement différente avec votre pénis. Les bénéfices que vous en tirerez sont infinis : pour vous, pour votre compagne et pour votre couple. Quand vous aurez terminé ce livre et maîtrisé les exercices simples qui vous sont proposés, vous ne serez plus *jamais* le même. Lorsque vous aurez fait l'expérience de votre premier orgasme multiple, vous n'arriverez pas à croire que vous ayez pu attendre si longtemps avant de connaître un tel plaisir, mais vous aurez appris à croire en vous et au pouvoir de votre sexualité.

Pourquoi suis-je une telle experte en la matière ?

J'en sais plus sur la sexualité masculine que la majorité des hommes. C'est mon métier : je suis sexologue, c'est-à-dire une thérapeute qui aide ses patients à améliorer et à contrôler leurs performances sexuelles.

Pour mener à bien une telle tâche, il faut connaître intimement les hommes et leur sexualité. En fait, il faut maîtriser le sujet mieux que beaucoup d'hommes. Bien sûr, un homme sait en général ce qui lui procure du plaisir, il connaît ses forces et ses faiblesses et peut même avoir parfaitement conscience de ses peurs et des limites qu'il croit être les siennes. Cependant, l'expérience m'a appris que cette perspective reste forcément subjective. En effet, lorsque vous côtoyez des centaines de patients, votre approche est beaucoup plus large que ne pourra jamais l'être celle d'un homme seul face à lui-même. Vous découvrez que chacun a une vision limitée de la sexualité, due à son expérience personnelle. Or, chaque être est différent des autres et cette diversité est source d'enrichissement et de connaissance.

Je connais les ressources des hommes et les désirs des femmes

J'ai consacré ma vie à l'étude des comportements sexuels. Je connais les ressources sexuelles d'un homme ordinaire et, croyez-moi, elles sont bien plus grandes que vous ne l'imaginez.

Et je connais les désirs des femmes parce que je suis non seulement sexologue, mais femme, moi aussi. Je sais ce que ressent une femme lorsqu'elle fait l'amour avec l'homme qu'elle aime. Au cours de ma vie professionnelle, j'ai écouté un nombre incalculable de patientes me parler de leur sexualité. Cependant, les discussions que je peux avoir avec mes amies sont encore plus riches d'enseignement, dans ces moments où nous nous laissons aller en toute liberté et où nous nous avouons nos désirs et nos besoins les plus secrets.

Même une femme qui aime profondément un homme peut se sentir frustrée et insatisfaite. Malheureusement, pour beaucoup, la sexualité est synonyme de compromis et de sacrifices. Peu connaissent au quotidien les rapports sexuels dont elles rêvent, et elles sont encore moins nombreuses à croire cela possible. Voilà pour le côté sombre du tableau. La bonne nouvelle, c'est que tout cela va changer.

Si vous êtes une femme qui souhaite être comblée par son compagnon et explorer les possibilités de son corps, je vais vous apprendre tout ce que vous et votre compagnon avez besoin de savoir sur l'orgasme multiple masculin. Si vous êtes un homme, je souhaite que vous me considériez comme votre entraîneur, susceptible de vous enseigner des techniques et des exercices qui modifieront radicalement tout ce que vous croyez savoir sur la sexualité.

PARLONS-EN

Vous vous souvenez forcément du jour où votre père vous a expliqué les mystères de la sexualité. On n'oublie pas un tel moment, généralement un des plus embarrassants de l'enfance. Bien sûr, votre père a fait de son mieux, mais ses explications présentaient de sérieuses lacunes qu'il vous a laissé combler seul. Il est temps que nous ayons une autre conversation. Cette fois, *vous* et *moi* allons parler de la sexualité... en parler vraiment. Et votre compagne, si vous en avez une, devra aussi participer. Car nous allons aborder les problèmes de front. Il y a des aspects de la sexualité que la plupart des gens ne connaissent tout simplement pas. Et je ne fais pas allusion à des acrobaties sexuelles, mais à des choses fondamentales, nécessaires pour vivre une sexualité épanouie.

Je vous en prie, ne soyez pas vexé. Je sais bien que vous en connaissez long sur la question, comme chacun d'entre nous, qu'il le veuille ou non. Après tout, c'est un sujet qu'on peut difficilement éviter dans les années 90. La télévision, la radio, le cinéma, les livres, les magazines... de quoi parlent-ils tous ? De sexualité, encore et toujours. Le Doc, le Minitel rose ou certains films de Canal+ font notre éducation sexuelle. Mais cela ne signifie pas qu'il s'agisse pour autant d'une *bonne* éducation.

Être bien informé sur la sexualité n'implique pas une vie sexuelle réussie et ne change pas forcément ce qui se passe dans votre chambre à coucher. Vous aurez beau avoir tout lu, tout vu, tout entendu, le sexe restera peut-être pour vous le plus grand mystère du monde. Personne n'aime manquer de confiance en soi dans un domaine aussi important, mais la vérité, c'est qu'à un moment donné, chacun de nous a eu l'impression que tout le monde sur cette planète faisait l'amour plus souvent et bien mieux que lui. À croire parfois que cette éducation sexuelle généralisée a seulement servi à nous déstabiliser.

Il est temps de mettre un terme à tout cela et de commencer à combler les lacunes une fois pour toutes. Et je ne vois pas de meilleur point de départ que la découverte de l'orgasme multiple qui va bouleverser tout ce que vous croyez savoir sur la sexualité. En fait, le bouleversement sera total. C'est en tout cas ce que moi et les hommes et les femmes avec lesquels j'ai travaillé avons ressenti. Et je suis certaine qu'il en sera de même pour vous.

LES DEUX HOMMES QUI ONT CHANGÉ MON APPROCHE DE LA SEXUALITÉ MASCULINE

L'orgasme multiple masculin ! Je n'oublierai jamais mon scepticisme lorsque j'en ai entendu parler pour la première fois. C'était en 1980, durant la seconde semaine de mon stage au Centre de psychothérapie Riskin-Banker à Tustin, en Californie.

Il s'est avéré que deux des thérapeutes qui travaillaient là-bas à l'époque étaient capables d'avoir des orgasmes multiples.

Si je n'avais pas rencontré personnellement ces

deux hommes, je n'aurais jamais cru une telle chose possible. Bien sûr, je savais tout de l'orgasme multiple féminin. Mais les hommes ? Comment pouvaient-ils atteindre l'orgasme multiple ? Les questions se bousculaient dans ma tête. En écoutant ces thérapeutes me donner des détails sur leur faculté exceptionnelle, j'ai compris que mon approche de la sexualité masculine était en train de changer radicalement et pour toujours.

Lorsque s'est achevée ma formation, j'étais à jamais convaincue de la réalité de l'orgasme multiple. Depuis, j'ai passé le plus clair de mon temps à travailler avec des patients et d'autres médecins pour élaborer et parfaire une série d'exercices que n'importe quel homme, ou n'importe quel couple, pourrait pratiquer dans l'intimité. Aujourd'hui, je tiens à vous faire partager le résultat de mes recherches. Pourquoi ? Parce que j'attache une très grande importance aux relations amoureuses et à la sexualité. Nous avons besoin de vivre une sexualité épanouie dans notre couple. Une vie sexuelle réussie nous rapproche. Elle permet de renforcer l'intimité et de cimenter les unions. Elle peut même sauver un mariage. Nous ne pouvons donc pas ignorer cette réalité. Bien au contraire, nous devons faire tout notre possible pour célébrer l'importance d'une sexualité épanouie.

ÊTES-VOUS PRÊT À CHANGER VOUS AUSSI ?

La possibilité d'enrichir votre sexualité correspond-elle à votre attente ou cela vous semble-t-il trop beau pour être vrai ? Certains acceptent naturellement l'idée de l'orgasme multiple, d'autres trouvent cela difficile à croire, voire impossible.

Si vous vous sentez légèrement sceptique ou mal à l'aise à ce point de mon exposé, c'est normal. Il est troublant de constater qu'on ignorait un aspect aussi important de sa sexualité. Mais n'importe quel bon sexologue vous le confirmera, on met constamment au point de nouvelles techniques au fur et à mesure que nous apprenons à découvrir nos corps et nos ressources sexuelles. Ces découvertes peuvent nous troubler dans un premier temps, pourtant, au bout du compte, nous en profitons tous.

Alors, détendez-vous et essayez de rester aussi ouvert que possible. Croyez-moi, même si vous n'êtes pas complètement convaincu à ce stade, vous ne tarderez pas à l'être. Ce livre n'est pas un ouvrage théorique, mais un manuel pratique conçu pour répondre à vos attentes. Lorsque vous aurez maîtrisé les exercices qui vous sont proposés, vous serez converti et vous aurez toutes les preuves nécessaires en main. Littéralement.

EST-CE UN SOURIRE QUE J'APERÇOIS ?

J'espère vous avoir déjà fait sourire, ou même rire. Nous avons tous besoin d'aborder le sexe avec humour de temps en temps, cela nous aide à vivre notre sexualité. Ne vous y trompez pas : je ne suis pas une comique, j'ai un doctorat en psychologie et je prends le sujet très au sérieux... pour que vous, vous n'ayez pas à le faire.

J'aime la sexualité et je crois en la sexualité. C'est l'une des choses les plus merveilleuses qui puisse se produire entre un homme et une femme. Son importance dans une relation est incommensurable. Mais je pense aussi que nous avons besoin d'en rire et de rire en faisant l'amour. « Le sexe doit être facile, merveilleux et amusant pour tous », tel est mon credo. Faire l'amour devrait être une fête – des tas d'attractions différentes, de la nourriture à profusion et un feu d'artifice à minuit –, plus l'avantage de ne pas avoir à attendre son tour. Est-ce que cela vous paraît séduisant ?

POURQUOI LISEZ-VOUS CE LIVRE ?

Si vous êtes une femme, vous avez probablement de multiples raisons. Parce que vous aimez votre compagnon, vous désirez lui donner le maximum de plaisir. Vous voulez qu'il soit le meilleur amant possible, mais pas seulement pour satisfaire vos besoins. Vous avez envie qu'il se sente bien dans sa peau, vous voulez pouvoir lui dire qu'il est un amant merveilleux, et qu'il en soit intimement convaincu.

Vous avez sans doute aussi des raisons plus égoïstes de vous intéresser à l'orgasme multiple masculin. Vous vous sentez peut-être frustrée parce que la plupart du temps, si ce n'est toujours, vous n'atteignez l'orgasme que par une stimulation clitoridienne, orale ou manuelle. Vous aimeriez avoir la certitude que votre partenaire peut maîtriser son désir suffisamment longtemps pour vous permettre de connaître l'acmé pendant vos rapports sexuels. Ou bien vous souhaitez, même si vous êtes satisfaite sexuellement, passer plus de temps à faire l'amour. Peut-être y prenez-vous tellement de plaisir que vous voulez en profiter davantage ? Vous avez tout à fait le droit de rêver d'une vie sexuelle encore plus épanouie. Trop de femmes se contentent de beaucoup moins que ce qu'elles désirent vraiment.

Si vous êtes un homme, vous avez envie de combler votre compagne et de répondre à ses besoins sexuels. Vous voulez qu'elle se sente pleinement satisfaite, ce qui est une formidable preuve d'amour. Peut-être êtes-vous déjà capable de faire l'amour pendant des heures et souhaitez-vous intensifier votre plaisir ou trouver d'autres moyens d'explorer votre sexualité. Ou bien vous manquez de confiance en vos ressources sexuelles, et vous désirez vivre votre sexualité de manière plus intense. Peut-être aviez-vous, étant plus jeune, des orgasmes multiples et essayez-vous de retrouver cette faculté ou de revivre une expérience unique d'orgasme multiple qui vous a laissé l'envie d'en connaître d'autres. Peut-être êtes-vous tout simplement curieux.

Quelles que soient vos raisons, vous êtes sur le point de découvrir toutes les merveilleuses possibilités que l'orgasme multiple peut offrir à un homme. Votre corps ne va pas être le seul à changer. Vous allez aussi avoir une autre perception de vous-même et de ce que vous pouvez apporter à une femme.

Quand un homme vit bien sa sexualité, il se sent bien de manière générale. Être sûr de soi sexuellement permet d'être rassuré dans les autres domaines de sa vie. C'est un merveilleux tonique pour l'ego et l'amour-propre. Nous parlons donc d'une révolution fondamentale.

QUATRE HOMMES TYPES
QUI SOUHAITENT DÉCOUVRIR
L'ORGASME MULTIPLE

Vous avez déjà rencontré Daniel. J'aimerais maintenant vous présenter quatre autres hommes : Fred, David, Josh et Mark. Vous le verrez, chacun d'eux a des raisons différentes de vouloir connaître l'orgasme multiple, et toutes sont justifiées. Une de leurs histoires vous semblera peut-être plus proche de la vôtre. Je pense que *la plupart* des hommes ont au moins un point commun avec l'un d'eux.

FRED

Fred a toujours vécu harmonieusement sa sexualité. Il est marié pour la seconde fois, et lui et sa femme Janice ont une vie sexuelle très active. Le sexe tient une place importante dans l'existence de Fred et il veut qu'il en soit toujours ainsi.

Actuellement, lui et Janice font l'amour presque tous les soirs et très souvent aussi le matin. Fred dit qu'il s'agit pour lui d'un geste quotidien – une activité naturelle qu'il pratique à intervalles réguliers pendant la journée. Mais il commence à s'inquiéter parce que ses « périodes réfractaires » – les phases de repos entre les érections – sont devenues plus longues. Il souhaite apprendre de nouvelles techniques qui lui permettront de passer, comme avant, de longues heures à faire l'amour avec sa femme. Janice pense que c'est une excellente idée.

David

David a une raison très différente de s'intéresser à l'orgasme multiple masculin. Il s'inquiète parce qu'il ne peut pas avoir d'érection assez longue pour satisfaire sa femme Debbie, et il a peur qu'elle n'éprouve pas autant de plaisir qu'elle le désire. Quels que soient ses efforts, David n'arrive pas à maîtriser son excitation plus de cinq minutes. Il rit en se définissant comme un « rapide », mais il ne semble pas trouver cela réellement drôle. Il est prêt à essayer n'importe quelle technique qui lui permettra de satisfaire Debbie, et il sait que seuls des rapports sexuels plus longs peuvent la mener à l'acmé.

En fait, David n'a jamais réussi à maîtriser sa jouissance, mais quand Debbie et lui se sont rencontrés, il la désirait tellement qu'après son premier orgasme il était capable d'avoir une seconde érection dix ou quinze minutes plus tard. La seconde fois, il lui était plus facile de contrôler son corps et il pouvait faire l'amour assez longtemps pour que Debbie éprouve elle aussi du plaisir. Avec le temps, cependant, David a perdu cette faculté et sa femme en souffre.

Cette dernière le confirme. David a lu plusieurs manuels qui prétendent faire d'un homme un formidable amant en lui apprenant à caresser les zones érogènes du corps féminin. Mais, lorsque David essaie ces techniques sur Debbie, elles n'ont pas l'air de marcher. Elles ne marchent pas parce que ces manuels n'expliquent pas la philosophie implicite derrière ces techniques. Alors, David finit par « travailler » le corps de Debbie au lieu d'éprouver du plaisir.

Les caresses jouent un rôle important, ainsi que la stimulation buccale, mais Debbie a besoin de rapports sexuels prolongés pour atteindre la jouissance. Elle regrette les longs moments qu'ils passaient autrefois à faire l'amour. Parfois, elle a l'impression de commencer tout juste à ressentir du désir lorsque David prend son plaisir. Anticipant cette frustration, elle est désormais nerveuse et anxieuse lors de leurs relations sexuelles. Elle a l'impression de passer plus de temps à penser à l'érection de David qu'à son propre corps. Elle aime son compagnon et ne veut pas le blesser, aussi a-t-elle appris à simuler la jouissance. Mais cela ne remplace pas le plaisir et elle le sait. Pire, il le sait, lui aussi.

Debbie et David désirent tous les deux la même chose : des rapports sexuels longs et passionnés. Ils veulent se sentir bien dans leur peau et dans leur couple. David veut désespérément maîtriser son corps assez longtemps pour combler sa femme. Dans ses rêves, il imagine qu'il lui fait l'amour pendant des heures. Alors, pourquoi n'y arrive-t-il pas dans la réalité ? Grâce à l'orgasme multiple, ce rêve peut enfin devenir réalité.

MARK

Mark a d'autres raisons de souhaiter connaître l'orgasme multiple. Cet homme jeune n'a pas encore trouvé la femme de sa vie, et il craint de ne pas être sexuellement à la hauteur avec ses partenaires de rencontre. Il veut enrichir son approche de la sexualité afin de se sentir plus confiant et plus expérimenté dans ses rapports avec les femmes.

JOSH

Josh a seulement quelques années de plus que Mark, mais il a une grande expérience sexuelle. Il se considère comme un bon amant et il est capable de faire l'amour suffisamment longtemps pour satisfaire n'importe quelle femme. Pourtant, Josh a lui aussi un problème : il pense tellement à « se retenir » pour mener sa partenaire à l'extase que cela l'empêche d'éprouver lui-même du plaisir.

Il n'y a pas très longtemps, tous ces hommes pensaient qu'il n'y avait qu'un seul secret pour devenir un bon amant : « apprendre à jouer du corps d'une femme comme d'un violon ». Mais tout a changé désormais. Aujourd'hui, ces quatre hommes sont enthousiastes parce qu'ils ont découvert une méthode qui leur permet de combler leur partenaire tout en décuplant leur propre plaisir.

Et vous ? N'êtes-vous pas vous aussi fatigué de ces leçons de violon ? Et si vous êtes une femme, n'en avez-vous pas assez d'être traitée comme un instrument à cordes ? Êtes-vous prêts à découvrir une technique qui peut réellement transformer votre vie sexuelle ? Je crois que oui. Je crois que vous êtes prêt depuis bien, bien longtemps.

Alors, par où commencer ? L'expérience m'a appris qu'avant qu'un homme puisse vivre son premier orgasme multiple, il a besoin de se connaître un peu mieux lui-même. Plus précisément, il a besoin de porter un autre regard sur le véritable héros de ce livre : son sexe.

Apprenez à connaître
votre pénis

En général, les hommes sont beaucoup plus avides de percer les secrets du corps féminin que d'essayer de comprendre le leur. Ils peuvent passer la nuit à étudier les complexités de l'anatomie féminine et à chercher inlassablement le point G, les zones érogènes ou n'importe quel autre point miracle qui leur permettrait de devenir un meilleur amant, mais ils connaissent à peine leurs propres organes sexuels. Malheureusement, cela pose un léger problème : vous ne pouvez pas devenir multiorgasmique si vous ne connaissez pas votre pénis.

DÉCOUVREZ LES POTENTIELS DE VOTRE SEXE

Aimez-vous votre pénis ? En êtes-vous fier ? Ou ressentez-vous aussi, mêlée à ces sentiments positifs, une impression de gêne, de honte et de doute ? Si oui, ne soyez pas mal à l'aise. La vérité, c'est que très peu d'hommes ont un rapport simple avec leur pénis. Quand on aborde cette partie la plus secrète de leur intimité, la majorité d'entre eux se sentent embarrassés et extrêmement vulnérables.

Tout cela doit changer. Pourquoi ? Parce qu'une approche positive de votre corps est la première étape vers un changement radical de votre sexualité. Les hommes doivent comprendre que le secret d'une vie sexuelle réussie ne réside pas dans le corps de la femme, mais dans leur propre corps. *Chaque homme peut devenir un formidable amant s'il sait que son épanouissement sexuel passe par la maîtrise et le contrôle de son pénis.*

Si vous souhaitez devenir un virtuose du sexe, la première chose à faire est d'apprendre à maîtriser votre pénis. Tout le reste suivra rapidement. En ignorant le pouvoir de votre sexe, vous gaspillez votre meilleur atout.

N'ÊTES-VOUS PAS FATIGUÉ DE FAIRE L'AMOUR AVEC UN ÉTRANGER ?

Votre pénis fait depuis toujours partie de votre vie. Pourtant, après tout ce temps passé ensemble, vous le connaissez à peine. Bien que vous contempliez sans doute votre sexe chaque jour, vous ignorez toujours son véritable potentiel.

Quand avez-vous, pour la dernière fois, passé vraiment un bon moment avec votre pénis ? Quand avez-vous, pour la dernière fois, connu tous les deux quelques instants d'intimité ? Je suppose qu'à l'époque vous aviez onze ou douze ans, l'âge où l'on est généralement fasciné par ses organes sexuels. Les journées vous paraissaient alors trop courtes tant vous aviez à découvrir. Mais, une fois que vous avez eu vos premiers orgasmes, les choses ont probablement commencé à changer. Dès que vous avez découvert ce qui, en ce temps-là, vous donnait du plaisir, votre curiosité a diminué. Vous aviez trouvé une formule qui marchait, vous vous y êtes accroché et l'affaire a été réglée.

Même si vous avez eu parfois la tentation de vous lancer dans de nouvelles expériences, vos tentatives étaient probablement plus frustrantes que réussies. Dans un monde où circulent une abondance de fausses informations sur la sexualité et très peu d'utiles, votre intérêt naturel ne pouvait qu'être découragé. Vivant dans un univers qui avait si peu à vous offrir, vous vous êtes débrouillé de votre mieux. Vous avez fait la paix avec votre pénis et établi avec lui une relation de travail qui fonctionne encore aujourd'hui. Bien sûr, vous avez peut-être essayé d'innover une fois tous les dix ans quand vous tombiez amoureux ou quand vous commenciez à trop vous ennuyer, mais il est plus que probable que dix, vingt-cinq, voire cinquante ans plus tard, vous utilisiez votre sexe à peu près de la même manière que vous le faisiez à onze ans.

Mais vous n'avez plus onze ans. Vous avez grandi, et votre corps aussi. Vos besoins ont évolué et vous avez aujourd'hui une compagne qui elle aussi a des désirs. Ne pensez-vous pas qu'il est temps de poser un regard d'adulte sur votre sexe ? Ne pensez-vous pas qu'il est temps de dépasser le point de vue enthousiaste mais naïf d'un jeune garçon de onze ans et de vous sentir à nouveau excité par les potentiels de votre corps d'adulte ?

Votre pénis a-t-il une vie autonome ?

Dans ce chapitre, vous allez faire les premiers pas pour redécouvrir votre pénis. Et comprendre, probablement pour la première fois, comment acquérir le contrôle de votre sexe. C'est une grande révolution pour tous les hommes qui croient que leur pénis est le maître incontesté.

En effet, les hommes traitent souvent leur sexe comme un être distinct qui mènerait une existence autonome. On les entend parfois dire : « Ne t'adresse pas à moi, mais à *lui*. C'est *lui* le responsable », ou bien ils affublent leurs organes génitaux de surnoms tels que « Petit Robert », « Grand Jim », « Capitaine Fracasse » ou « Monsieur Paresseux ». Cette attitude m'amuse toujours beaucoup car nous, les femmes, sommes très différentes sur ce point. Combien connaissez-vous de femmes qui donnent un surnom à leur vagin ? Combien de fois les avez-vous entendues parler affectueusement de leur sexe en l'appelant « Mademoiselle Lucy » ou « la Vorace » ? Jamais une femme ne dira : « Je crois que la petite Beth n'a pas envie de jouer aujourd'hui. »

On peut expliquer ce comportement masculin de diverses manières. Indubitablement, certains hommes préfèrent se dissocier de leur pénis parce qu'ils ne veulent pas assumer la responsabilité de leur sexualité ou les conséquences de leur comportement sexuel. C'est une façon commode de justifier leur négligence ou leur insensibilité. Mais je crois que la plupart d'entre eux se dissocient de leurs organes génitaux parce qu'ils n'arrivent pas à gérer la frustration que suscite chez eux l'impression de ne pas pouvoir contrôler leur propre corps. Les défaillances ou les échecs sexuels leur semblent ainsi plus faciles à supporter.

Parce que le pénis est un appendice de corps masculin – accroché à l'extérieur, pour ainsi dire –, il est plus facile à observer. Si une femme n'arrive pas à éprouver de désir, elle seule le sait à coup sûr. Elle peut ne pas être satisfaite sexuellement, mais cela ne sera pas de notoriété publique. En revanche, si un pénis ne remplit pas son rôle, tous les intéressés s'en rendront immédiatement compte. Si un homme a des difficultés, la preuve de son incompétence s'étale au grand jour. C'est une pression énorme – souvent bien lourde à supporter.

VOTRE NOUVEAU MEILLEUR AMI

Il est peut-être plus facile de vous dire que votre pénis a sa propre personnalité, mais, au bout du compte, vous ne vous rendez pas service. Vous évitez ainsi d'affronter vos angoisses ou vos problèmes, mais vous vous privez aussi de beaucoup de plaisirs.

Votre pénis n'est pas une entité qui sous-loue votre caleçon. Ce n'est pas un locataire bruyant, installé à l'étage inférieur, qui vous empêche de dormir. Alors, ne le traitez pas comme tel. C'est une partie importante de votre corps ; souvent la plus honnête. Lorsque vous avez peur, votre pénis le sait. Lorsque vous êtes excité, votre pénis le montre. Lorsque vous êtes déprimé, votre pénis le sent et agit en conséquence. La plupart du temps, vous pouvez tromper votre entourage mais vous ne pouvez pas le tromper, lui. Vous êtes tous les deux irrémédiablement liés l'un à l'autre, pour le reste de vos jours. Alors, ne le considérez plus comme un étranger.

Plus vite vous traiterez votre pénis comme une partie intégrante de vous-même, plus vite votre sexualité commencera à changer. Maintenant, voici la bonne nouvelle. Si vous aimez votre pénis, votre compagne l'aimera, elle aussi. Si vous êtes fier de lui, elle le sera aussi. Cette idée vous plaît ? C'est bien ce que je pensais.

APPRENEZ À CONTRÔLER VOTRE PÉNIS

À mon avis, il y a deux sortes d'hommes : ceux qui contrôlent leur pénis et ceux qui sont contrôlés par lui. Ceux qui n'arrivent pas à le maîtriser vivent dans la peur. La peur d'être victimes de leurs défaillances, de ne pas avoir une vie sexuelle réussie, et de ne pas pouvoir satisfaire la femme qu'ils aiment.

Cette peur du fonctionnement sexuel constitue le plus grand obstacle à l'épanouissement de la sexualité, pour les hommes comme pour les femmes. Et l'un des objectifs de ce livre est de combattre cette peur. En acquérant une véritable maîtrise de son corps, un homme pourra établir un rapport plus sain avec son pénis, ce qui mettra un terme à bon nombre des angoisses que suscite généralement chez lui la sexualité.

La sexualité n'est pas un phénomène mystérieux ou effrayant. C'est un processus physiologique, au même titre que le sommeil ou la respiration – elle nous procure simplement plus de plaisir. Comme la plupart des autres processus physiologiques, le fonctionnement sexuel peut être analysé, modifié et perfectionné. Et c'est exactement ce que vous allez faire, dès aujourd'hui.

UNE LEÇON D'ANATOMIE FONDAMENTALE

Tout le monde sait que le pénis n'est pas un muscle. Mais la plupart des gens ignorent qu'*un* muscle joue un rôle crucial dans le fonctionnement du pénis : le muscle pubo-coccygien.

Le muscle pubo-coccygien – ou muscle PC – est en réalité un faisceau de muscles qui va de l'os du pubis au coccyx (voir schéma p. 213). Vous le connaissez peut-être déjà pour une autre raison, puisque c'est lui qui vous permet de contrôler la montée de l'urine dans la vessie. C'est lui aussi qui se contracte au moment de l'éjaculation, permettant l'expulsion du liquide séminal.

Le PC est un petit muscle très actif. Pourtant, peu d'hommes l'utilisent au maximum de ses possibilités. Ne vous inquiétez pas, tout cela ne va pas tarder à changer. *L'orgasme multiple masculin dépend de la tonicité du muscle PC.* Il est la clé de ce programme. La voie royale vers le succès. La plupart des techniques que vous étudierez dans les derniers chapitres de ce livre ne peuvent pas être maîtrisées sans ce muscle. C'est pourquoi la première série

d'exercices que je vais vous proposer a été spécialement conçue pour le tonifier. *Il est nécessaire de
commencer le programme par ces exercices du chapitre 4 : ils sont fondamentaux*, incontournables, et
vous devez les prendre très au sérieux.

LE PC AU POUVOIR

Vous pensez peut-être que vous n'avez plus vingt
ans et que vous avez peu de chances de réussir, exercices ou pas. Mais peu importe votre âge. À dix-huit
ans, est-on trop jeune pour muscler ses biceps dans
un club de sport ? À soixante ans, est-on trop vieux
pour faire deux kilomètres de marche, ce qui est
excellent pour le cœur ? Bien sûr que non. On peut
faire travailler ses muscles à tout âge. L'exercice
maintient en bonne santé et permet de se sentir
mieux physiquement, sans parler de son influence
positive sur le moral.

Il en va de même pour le pénis. Le PC est un
muscle, tout simplement. Il fonctionne et réagit
comme n'importe quel muscle, il peut donc être
développé comme n'importe quel muscle. Et d'après
moi, c'est celui qui a le plus d'impact sur l'amour-
propre masculin.

QUELQUES MINUTES PAR JOUR SEULEMENT

Maîtriser les techniques de l'orgasme multiple
masculin est un jeu d'enfant une fois que votre PC

est bien entraîné. Et l'entraînement est simple, à partir du moment où vous suivez le programme. Aussi vais-je vous demander à présent de vous engager.

Je sais que le mot « engagement » fait peur à certains, mais vous ne regretterez pas celui-là. Tout homme déterminé peut tonifier son muscle PC en deux ou trois semaines, même moins dans de nombreux cas. Il suffit de consacrer quelques minutes par jour à ce programme. Vous avez bien entendu : quelques minutes par jour, c'est-à-dire beaucoup moins de temps que vous n'en passeriez dans votre club de sport à faire travailler tous vos muscles, sauf celui qui est vraiment important.

Je sais que vous pouvez réussir, à condition de vous conformer au programme. N'oubliez pas : maîtriser les secrets de l'orgasme multiple dépend de la tonicité de votre muscle PC. Alors, prenez votre élan et un engagement qui va changer votre vie.

PRÉPAREZ-VOUS...

Nous sommes presque prêts à commencer. Mais avant, il nous faut aborder un dernier point. Dans les jours qui vont suivre les débuts de vos exercices, vous allez sentir les premiers changements et cette sensation sera très agréable. Cependant, vous ne serez pas le seul à remarquer la différence. Si vous avez une compagne aimante, elle va être profondément affectée par tous les bouleversements qui vont se produire dans votre corps et votre tête. Il faut que vous en teniez compte dès maintenant.

Vous avez probablement envie de vous atteler tout de suite à la tâche. Mais il est fondamental que votre compagne partage votre enthousiasme. C'est pourquoi je dois, avant d'aborder les exercices, vous demander de discuter sérieusement avec elle des enjeux multiples du voyage que vous allez entreprendre *tous les deux*...

Parlez-en

F aire l'amour avec un homme multiorgasmique est une expérience unique. Une femme
habituée à des relations normales risque donc
d'être déconcertée par l'intensité du désir et des
réactions de son partenaire.

Or, je ne suis pas une adepte des surprises en
matière de sexualité. Si une femme partage votre
vie, vous devez vous assurer qu'elle est aussi déci-
dée que vous à s'engager dans cette découverte. La
sexualité n'est pas une activité unilatérale, elle
concerne deux êtres. Vos besoins sont certes importants, mais ceux de votre couple le sont encore plus.

Vous remarquerez que, tout au long de ce livre,
la plupart des exercices sont accompagnés de
conseils destinés à la partenaire. Avec un peu de
chance, votre compagne voudra suivre ces suggestions et jouer un rôle actif dans votre initiation. Mais
peut-être préférera-t-elle observer de loin votre
apprentissage et se contenter d'en récolter les bénéfices à l'arrivée. Pourquoi pas ? À vous de décider
ensemble ce qui vous convient le mieux. Mais quel
que soit votre choix, votre compagne doit être au
courant de votre démarche, car vous avez besoin de

son soutien. Je m'assure toujours que mes patients ont parlé à leur compagne *avant* d'entreprendre *n'importe* quel travail, et je vous demande d'en faire autant. Cette discussion ne doit pas être lancée à la légère ou expédiée à la va-vite. Vous êtes sur le point de vivre de grands bouleversements. Votre approche de la sexualité va changer. Votre regard sur vous-même aussi, ainsi que vos ressources érotiques, votre corps et la force de votre désir. Et votre compagne devra faire face à tout cela à la fois.

Si vous n'en avez pas discuté, vos efforts peuvent se retourner contre vous. En effet, il est possible que votre partenaire se sente exclue si vous ne la mettez pas au courant de votre démarche. Elle risque de se sentir déstabilisée, anxieuse ou même furieuse. Elle qui est habituée à un homme fidèle sera extrêmement déconcertée par votre changement d'attitude. Elle peut même craindre que vous n'ayez une aventure et qu'une autre femme ne soit responsable de votre transformation.

Une autre femme en est *effectivement* responsable, mais il s'agit d'une sexologue professionnelle qui cherche seulement à vous enseigner des techniques susceptibles d'enrichir votre vie de couple. La découverte de l'orgasme multiple a pour objectif de vous rapprocher de votre partenaire. Elle est censée améliorer votre relation, pas la mettre en péril. Vous voulez que votre transformation enthousiasme votre compagne, et non qu'elle l'effraie. D'où la nécessité d'en discuter avec elle dès que vous aurez fini de lire ce livre.

Parlez avec votre compagne. Expliquez-lui vos

intentions et ne lui cachez aucun détail. Soyez aussi précis que possible. Montrez-lui pourquoi c'est important pour vous. Exposez vos objectifs, en soulignant les bienfaits qui peuvent en résulter pour votre couple. Il est fondamental qu'elle sache que vous entreprenez ce travail pour *vous deux*. Enfin, dites-lui combien vous avez besoin de son soutien.

L'ORGASME MULTIPLE MASCULIN DEVRAIT CONSOLIDER VOTRE COUPLE

Certaines femmes ont envie de faire l'amour pendant des heures tandis que d'autres préfèrent des rapports plus simples et plus rapides. Une femme a des besoins et des désirs différents selon les jours. Qu'en est-il de votre compagne ? Quels sont ses envies et ses désirs et comment varient-ils d'un jour à l'autre, d'une semaine à l'autre ? Vous avez besoin de savoir tout cela et cette discussion est l'occasion idéale pour le découvrir. C'est indispensable pour que vous puissiez tous les deux profiter pleinement de vos nouveaux talents. Autrement, vous risquez de vous lancer dans des expériences qui n'intéressent pas votre compagne.

Ne le prenez pas mal. Vos besoins sont certes importants, mais n'oubliez pas que ceux de votre compagne le sont tout autant. Il n'y a rien de plus déplaisant qu'un homme qui fait ce qui lui plaît sans s'inquiéter de ce que peut ressentir sa compagne. Être un bon amant ne signifie pas seulement être à l'écoute de son propre corps, mais aussi être à l'écoute du corps de sa partenaire et, plus important encore, être à l'écoute de ses désirs.

L'orgasme multiple est un outil merveilleux parce qu'il vous permet de moduler votre sexualité de manière unique. Pour la première fois, vous pourrez ressentir un plaisir immense tout en satisfaisant complètement les besoins de votre partenaire. Non seulement votre expérience sera beaucoup plus intense, mais vous déculperez aussi celle de votre compagne. Vous éprouverez des sensations extra-ordinaires tout en vous occupant de la femme que vous aimez comme jamais vous n'en aviez eu la possibilité. Personne n'a besoin de faire des compromis ou de se sentir lésé.

J'ai entendu des femmes se plaindre d'amants qui semblaient se désintéresser de leurs désirs ou qui n'arrivaient pas à prolonger les rapports. Mais jamais je n'ai entendu une femme se plaindre d'un homme qui lui offrait tout ce qu'elle désirait.

Au cours de votre discussion, il est très important que vous exprimiez vos besoins, mais il est encore plus important que vous parliez de ceux de votre compagne. Laissez-la vous parler de ses désirs. Est-ce que quelque chose la met mal à l'aise ? Ou l'effraie ? Écoutez-la attentivement et ne présumez de rien. Vous constaterez peut-être à votre grande surprise que vous ne la connaissez pas aussi bien que vous le croyiez. C'est une merveilleuse occasion de lui exprimer votre amour et de consolider votre couple. Je vous incite à en profiter.

Si votre compagne s'inquiète du rôle qu'elle doit jouer dans votre « entraînement », ce livre devrait lui fournir toutes les réponses à ses questions. Lorsque vous étudierez les exercices qui se font en couple (ce qui n'est pas le cas de tous), vous remarquerez que les rôles respectifs de l'homme et de la femme y sont clairement présentés. Même si votre compagne n'a pas l'intention de participer à votre travail, il est préférable que vous lisiez *tous les deux* ce manuel.

Chaque femme est unique et vous ne pouvez pas prévoir la réaction de votre compagne à la lecture de ce livre. Personnellement, j'espère qu'elle voudra s'investir avec vous dans cette aventure. Je sais d'expérience que lorsqu'une femme partage cette initiation, le processus est beaucoup plus excitant pour le couple. Mais, je le répète, il n'est pas nécessaire qu'une femme aide son amant à apprendre ces nouvelles techniques ; elle a seulement besoin d'être là dans la dernière ligne droite, pour accueillir le vainqueur avec un large sourire.

EST-CE VOTRE COMPAGNE QUI VOUS A DONNÉ CE LIVRE ?

Si tel est le cas, elle ne sera pas surprise que vous vous intéressiez à l'orgasme multiple. Vous savez probablement déjà qu'il est important pour elle que vous appreniez à prolonger vos rapports sexuels. Mais cela ne signifie pas que vous n'avez pas besoin d'en parler ensemble.

Ma règle fondamentale est : *Ne présumez de rien.* La plupart des questions que j'ai soulevées méritent d'être abordées. De plus, il est important que vous connaissiez les attentes de votre partenaire et que vous vous assuriez qu'elles sont réalistes.

Si vous avez le sentiment que votre compagne exerce sur vous une pression, quelle qu'elle soit, il faut en discuter dès maintenant avec elle. Même un homme multiorgasmique sera presque immanquablement perturbé s'il a l'impression qu'on attend de lui des performances sexuelles, et vous ne voulez pas en arriver là. Je le répète, ces techniques sont censées vous rapprocher, pas vous séparer.

AUX FEMMES QUI LISENT CE LIVRE

Peut-on parler un moment entre femmes ? Ce qui peut vous empêcher d'être excitée par les exercices de ce manuel ou d'y participer, c'est la peur que ce processus devienne trop mécanique. Après tout, comment un programme d'exercices pourrait-il devenir une expérience érotique ? Certaines femmes éprouvent un certain malaise à l'idée de l'orgasme multiple. Au lieu de se réjouir des perspectives d'une relation sexuelle plus épanouie, elles craignent que ces techniques ne transforment leur amant en une machine à faire l'amour.

Je veux dès maintenant dissiper ces craintes. Bien que cet entraînement à deux ne paraisse *a priori* ni très érotique ni très passionné, les techniques que je vais vous enseigner libèrent une intensité de passion et de désir que peu de couples ont l'occasion de vivre. Ces exercices permettent aux hommes d'être à l'écoute de leur corps, pas de s'en dissocier. Plus important encore, ils permettent aux hommes d'être à l'écoute de *votre* corps, pas de s'en dissocier. C'est une expérience d'un érotisme extrême. Les anxiétés et les limites sexuelles de votre amant ne pèseront plus sur votre couple et vous pourrez tous deux profiter l'un de l'autre avec une intensité que vous n'avez jamais éprouvée.

Encore une chose. Lorsque vous découvrirez les exercices de ce livre, vous remarquerez assez rapidement que la majorité des indications s'adresse au lecteur masculin. Cela peut vous donner l'impression d'être mise à l'écart, même si vous prenez une part active à la plupart des exercices. C'est l'homme qui apprend ici à devenir multiorgasmique et qui a le plus gros travail à accomplir, aussi a-t-il besoin du maximum d'indications. Mais cela ne signifie pas que vous devez vous sentir lésée pour autant.

Souvenez-vous que *vous* êtes la bénéficiaire de ce travail. Votre partenaire apprend ces techniques pour accroître *votre* plaisir et parce qu'il tient à *vous*. C'est pour vous en priorité qu'il s'est engagé dans ce processus. D'ailleurs, vous n'êtes pas une observatrice passive de son travail ni une poupée gonflable à sa disposition. Vous avez un rôle très important à jouer.

Il est en votre pouvoir de faire réussir ou échouer votre amant, parce que ces exercices sont aussi les vôtres. Votre plaisir ne doit jamais être sacrifié à celui de votre compagnon, ni vos besoins. Ce qui est merveilleux dans ce programme, c'est qu'il s'agit d'une expérience extraordinairement sensuelle et excitante pour les deux partenaires. Si vous n'avez pas ce sentiment, cela signifie que quelque chose ne va pas et que vous devez prendre un peu de recul pour comprendre ce qui a bien pu se produire.

Tous les hommes avec lesquels j'ai travaillé disent la même chose : une compagne motivée est déterminante dans l'apprentissage de ces techniques. Le désir d'une femme est contagieux. C'est le meilleur stimulant dont puisse rêver un homme. Je suis sûre que vous le savez tous d'expérience : une partenaire passive peut tuer l'enthousiasme de *n'importe quelle* expérience érotique, et ce programme d'exercices ne déroge pas à la règle. Si une femme n'est pas vraiment excitée à l'idée d'y participer, qu'elle s'abstienne. C'est aussi simple que ça.

Il ne s'agit pas d'une de ces tâches que vous accomplissez pour l'autre sans en avoir vraiment envie. D'ailleurs, en matière de sexualité, faire quelque chose pour votre compagnon n'a aucun sens si vous n'y prenez pas vous aussi du plaisir. Il ne devrait jamais y avoir de contrainte dans une relation sexuelle, seulement de la jouissance et de la passion. Cela peut sembler un lieu commun, c'est pourtant la vérité.

Les gens qui font trop de compromis dans leurs relations sexuelles sont malheureux, et la relation dans son ensemble s'en trouve perturbée. Si vous souhaitez sincèrement participer à cette merveilleuse initiation, votre rôle peut être déterminant. Mais il faut avant tout que vous y preniez du plaisir. Ne vous inquiétez pas pour votre compagnon, il peut se débrouiller tout seul. Assurez-vous seulement que *vous* profitez au maximum de chaque expérience. Lorsque vous faites les exercices, voyez comment *vous* pouvez en tirer le plus de bénéfice. N'hésitez pas à faire des suggestions et à donner un ton personnel à cette initiation. Votre amant en sera ravi.

Si vous souhaitez participer à ce programme, soyez très attentive à votre compagnon. Lisez ensemble chaque exercice avant de l'entreprendre pour savoir ce qui vous attend. Essayez d'être très réceptive aux réactions de votre partenaire tout en étant concentrée sur votre propre expérience. Tentez de percevoir les nuances de son désir. Synchronisez vos rythmes et vos respirations. S'il ouvre les yeux, ouvrez les vôtres. S'il gémit, gémissez aussi. Communiquez autant que vous le pouvez durant les exercices. Si vous restez tous les deux profondément unis, vous allez éprouver la plupart des sensations que ressent votre compagnon et *cette expérience sera merveilleuse pour vous aussi*. Lorsque deux êtres, emportés par la vague du désir, sont en parfaite harmonie, l'intensité de leur plaisir est extraordinaire.

Un dernier point. Il y a quelques moments cruciaux dans ces exercices où l'homme doit suspendre ses mouvements. Il est *très important* que sa compagne *s'arrête aussi*. Dans de tels instants, bouger peut être fort agréable mais risque de mettre un terme prématuré à l'exercice. Toute cette expérience va être extrêmement excitante, et il sera parfois très difficile de vous arrêter brusquement, mais vous allez bientôt découvrir que si vous apprenez à suspendre vos mouvements lorsqu'il le faut, votre plaisir n'en sera que plus grand. Alors, en gardant cela présent à l'esprit, lancez-vous dans l'aventure et savourez-en chaque instant.

COMMENT UTILISER CE LIVRE

Tous les exercices de ce manuel sont organisés et présentés dans un seul but : permettre à tout homme de devenir multiorgasmique. Chaque exercice a son importance et a un sens bien précis. L'ordre progressif a été soigneusement étudié pour rendre les étapes de ce processus aussi simples que possible. Vous n'aurez pas à réaliser tous les exercices de ce livre, mais il est préférable que vous les lisiez tous.

Vous remarquerez que bon nombre d'entre eux sont jumelés. L'un est conçu pour un homme qui travaille en couple et l'autre pour un homme qui préfère travailler seul. Ceci est précisé en tête de l'exercice (« en couple » ou « en solo »).

Selon les cas, les exercices en solo ou les exercices avec partenaire sont présentés les premiers. Ceci parce que certains exercices se prêtent plus naturellement à un travail en couple ou à un travail seul. Mais il n'y a pas ici de bon ou de mauvais choix. Les exercices jumelés sont aussi valables l'un que l'autre, c'est à vous de choisir ce qui vous convient le mieux.

Selon mon expérience, la plupart des hommes préfèrent combiner les deux formules : apprendre certaines techniques en couple et d'autres seul, ce qui est tout à fait possible. Vous pouvez alterner à votre gré, et même réaliser les deux versions d'un même exercice, mais ce n'est pas une obligation.

Je vous demanderai de respecter seulement deux directives :

1. *Faites toujours au moins un des deux exercices.* Que vous travailliez seul ou en couple n'a pas d'importance, mais vous *devez* en faire au moins un.

2. *Faites ces exercices dans l'ordre proposé.* Leur progression a été soigneusement étudiée, et vous risquez d'être frustré si vous essayez d'avancer trop vite.

La meilleure façon d'aborder ces exercices est de les lire attentivement avant de vous mettre au travail. Si vous préparez un exercice avec votre compagne, lisez-le ensemble. Discutez-en ensuite. Comme je viens de l'expliquer aux femmes qui lisent ce livre, chacun doit savoir exactement quel est son rôle.

Si l'un de vous a des doutes, dissipez-les avant de commencer l'exercice. N'hésitez pas à communiquer simplement et honnêtement. Plus vous parlerez librement, moins vous aurez de problèmes lorsque les lumières seront tamisées. Prenez votre temps. N'essayez pas de réaliser tous les exercices durant un long week-end. Accordez-vous plusieurs semaines, voire plusieurs mois, pour mener à bien ce programme. L'apprentissage de l'orgasme multiple ne ressemble en rien à celui du violon. Ce processus sera agréable du début à la fin. Vous n'aurez pas besoin d'attendre d'être à la salle Pleyel pour commencer à en profiter. Le plus important est de prendre son temps et de ne pas vous sentir sous pression.

L'AMOUR EN TOUTE SÉCURITÉ

En lisant les exercices, vous remarquerez qu'ils ne donnent aucune précision quant à l'usage des préservatifs. C'est parce que j'ai écrit ce livre en priorité pour des couples stables et monogames, qui se savent à l'abri des risques.

Je ne veux pas paraître moralisatrice, mais apprendre ces techniques dans le cadre d'une relation fidèle est non seulement plus sûr, mais aussi plus gratifiant. Mais tous les lecteurs ne sont pas forcément dans cette situation. *Si vous n'êtes pas engagé dans une relation monogame et fidèle et si vous souhaitez malgré tout découvrir ces techniques avec une partenaire, il est crucial que vous utilisiez des préservatifs pendant tous les exercices, y compris ceux qui n'impliquent pas le coït.*

S'il est vrai que les préservatifs rendent le pénis un peu moins sensible, ils n'empêchent en rien d'acquérir la maîtrise des techniques présentées dans ce livre. Bon nombre de mes patients en ont utilisé pendant leur apprentissage, à leur complète satisfaction, et la grande majorité d'entre eux m'ont dit que cela ne les avait pas du tout gênés. Si vous utilisez des préservatifs comme moyen contraceptif, je vous recommande aussi de les utiliser au cours de tous ces exercices.

Tonifiez votre muscle
pubo-coccygien

D ans ce chapitre, vous allez découvrir une première série d'exercices simples. Ils constituent la base fondamentale pour accéder à ce contrôle de votre sexualité dont vous avez toujours rêvé et représentent une première étape capitale sur la route des plaisirs infinis de l'orgasme multiple. *Les trois exercices suivants sont les plus importants de ce livre. Il est donc déterminant que vous les preniez très au sérieux.* Travaillez lentement, suivez à la lettre mes instructions et essayez d'être très consciencieux.

Contrairement à la plupart des exercices qui viendront plus tard, il est plus facile de pratiquer seul cette première série. Si votre compagne s'attend à participer, expliquez-lui que vous serez bientôt prêt à travailler avec elle, mais que vous avez juste besoin d'un peu d'entraînement en solo. Cela devrait exacerber son désir et la rendre encore plus enthousiaste lorsque le moment sera venu pour elle de s'impliquer.

Alors... au travail. Savourez cette expérience. Et souvenez-vous : *le muscle PC (pubo-coccygien) est l'élément déterminant de votre apprentissage.*

Votre première tâche va être d'identifier votre muscle PC (pubo-coccygien). Pour certains hommes, c'est facile : vous saviez probablement où il se trouvait dès que je l'ai mentionné. Vous êtes peut-être même en train de le contracter en ce moment.

Mais beaucoup d'hommes connaissent très mal cette partie de leur corps. Tous les muscles de la région de l'aine – les fessiers, les abdominaux, les pelviens et le PC (pubo-coccygien) – peuvent se confondre dans vos sensations et vous donner l'impression qu'il s'agit d'une masse musculaire globale. Voici la méthode la plus simple pour identifier votre muscle PC et l'isoler des autres :

Placez doucement un ou deux doigts juste sous vos testicules et imaginez que vous êtes en train d'uriner. Maintenant, essayez de contrôler votre vessie. Le muscle que vous venez d'utiliser pour arrêter la montée de l'urine est le PC. L'avez-vous senti se contracter ? Peut-être avez-vous remarqué que votre pénis et vos testicules ont tressauté légèrement lorsque vous avez fait jouer ce muscle.

Il est très important que les muscles du ventre et des cuisses restent très détendus. S'ils se sont contractés eux aussi, recommencez l'exercice. Cette fois, concentrez-vous uniquement sur le PC.

Conseil : n'essayez pas d'avoir une érection. Il est inutile d'en avoir une pour faire travailler le PC. Décontractez-vous et laissez votre pénis réagir naturellement tout au long de ces exercices.

EXERCICE 2 : LA SÉRIE DE CONTRACTIONS (TROIS À CINQ MINUTES PAR JOUR)

Maintenant que vous avez identifié votre muscle PC, vous pouvez passer à l'exercice suivant : trois fois par jour, contractez vingt fois votre PC. Tenez la contraction une ou deux secondes, puis relâchez. C'est tout. Vingt contractions, trois fois par jour. Cela a l'air simple, mais il n'y a pas de mot assez fort pour décrire l'importance de ce travail.

Inutile de garder un doigt posé sur le PC pendant cet exercice. Vous devriez être capable de sentir le muscle se contracter dans votre corps. Si ce n'est pas le cas, ou si vous n'êtes pas sûr de vous, gardez un doigt posé sur votre PC les premières fois que vous pratiquez cet exercice.

Respirez normalement pendant les contractions. Comme dans tout autre exercice musculaire, il est important de bien respirer. Ne retenez pas votre respiration.

Je veux que vous pratiquiez cet exercice *trois fois par jour, pendant trois semaines*. Un entraînement régulier est le moyen le plus efficace pour tonifier votre muscle PC le plus rapidement possible. Et ce travail vaut de l'or.

Conseil : ces exercices simples peuvent être pratiqués n'importe où – dans votre voiture, à la plage ou au bureau. Beaucoup d'hommes m'ont dit qu'ils avaient pris un grand plaisir à les pratiquer dans des lieux incongrus.
Bien sûr, vous pouvez préférer travailler tranquillement chez vous, mais il existe bien d'autres possibilités.

DEUX ERREURS FRÉQUENTES

Ces exercices ne sont pas difficiles, pourtant les hommes commettent souvent deux erreurs au début de cet entraînement et vous avez besoin de les connaître avant d'aller plus loin :

Erreur 1: en faire trop. Vous vous sentez très enthousiaste à ce stade du programme, mais gardez-vous d'en faire trop. Comme tout autre muscle, le PC peut souffrir de courbatures. Vous vous en êtes peut-être déjà aperçu tout seul. Démarrez lentement, comme vous le feriez pour n'importe quel autre exercice musculaire, et laissez votre muscle se développer. Vous pourrez toujours intensifier le travail plus tard.

Erreur 2 : ne pas réussir à isoler le PC. Le PC est un petit faisceau musculaire qui a besoin d'être isolé lors de l'exercice. Je le répète, il est important que votre abdomen, vos cuisses et vos fesses soient complètement détendus lorsque vous contractez votre PC. Ils ne devraient pas bouger.

Avez-vous des difficultés à distinguer le PC des autres muscles ? Beaucoup d'hommes ont ce problème au début. Ne vous inquiétez pas. Si vous ne pouvez pas vous empêcher de contracter d'autres muscles durant vos exercices, vous avez simplement besoin de les fatiguer d'abord pour qu'ils n'interfèrent pas avec votre travail.

Supposons que vous ayez tendance à contracter vos abdominaux durant l'exercice. Dans ce cas, faites au moins dix ou vingt contractions abdominales avant d'attaquer les exercices PC. Cela devrait fatiguer vos abdominaux suffisamment pour qu'ils ne vous gênent plus. De même pour les muscles des fesses, des cuisses et de l'aine. Si vous avez besoin de faire travailler ces muscles de manière intensive avant de vous attaquer au PC, aucune importance. Faites trente ou quarante contractions, si vingt ne suffisent pas. Cela peut vous sembler très fatigant, mais vous n'allez pas faire ça toute votre vie – juste quelques jours.

Une fois que vous aurez bien repéré votre PC, cette « confusion » des muscles disparaîtra et vous serez libre de concentrer toute votre énergie sur votre série d'exercices.

EXERCICE 3 : LA GRANDE CONTRACTION
(DEUX OU TROIS MINUTES PAR JOUR)

Maintenant que vous vous êtes entraîné trois fois par jour durant trois semaines, vous êtes prêt à apprendre ce que j'appelle « la grande contraction ». Continuez à faire vos vingt contractions rapides trois fois par jour, mais ajoutez-y dix contractions très *lentes*. Prenez cinq secondes pour contracter lentement votre muscle PC au maximum. Maintenant, essayez de tenir cette contraction cinq autres secondes, si possible. Puis relâchez progressivement le muscle durant les cinq secondes suivantes. Vous devriez sentir le muscle travailler.

Cela risque d'être un peu difficile au départ. Vous serez peut-être seulement capable de faire une ou deux contractions de quinze secondes avant d'être épuisé. Ce n'est pas grave. Mais essayez d'atteindre progressivement dix contractions de dix à quinze secondes chacune. Il vous faudra peut-être quelques jours ou quelques semaines pour y arriver. Aucune importance. Surtout, ne forcez pas. Prenez du plaisir à faire cet exercice et concentrez-vous sur vos contractions.

PATIENCE ET LONGUEUR DE TEMPS

Le « training PC » ressemble à n'importe quel autre entraînement. Plus vous travaillerez, plus les résultats seront rapides et impressionnants. Ce qu'il y a de merveilleux avec ce muscle, c'est que, contrairement à d'autres, il réagit très rapidement aux exercices. Que vous pratiquiez un entraînement intensif ou modéré, vous n'aurez pas à attendre des mois pour voir la différence. Comme vous vous en rendrez compte rapidement, le training PC apporte des gratifications immédiates. À condition de travailler régulièrement.

La découverte de l'orgasme multiple s'effectue en plusieurs phases, tonifier le muscle PC est une étape cruciale. Ne la prenez pas à la légère. Vous n'avez pas de délais ou d'horaires à respecter, pas de patron à qui rendre des comptes. L'important est de mener ce travail à bien. N'essayez pas de brûler les étapes. Ce genre d'attitude ne marche pas pour les techniques de l'orgasme multiple masculin.

Gravissez progressivement les échelons et prenez votre temps à chaque stade. Vous atteindrez la ligne d'arrivée sans même vous en rendre compte, accueilli par votre supporter la plus fidèle. En attendant, explorons plus avant les miracles de l'orgasme multiple.

Découvrez les secrets
de l'orgasme multiple

Qu'est-ce *exactement* qu'un orgasme multiple ? Cela ressemble-t-il à un orgasme normal ou pas du tout ? Est-ce plus agréable ? Cela demande-t-il beaucoup de travail ? Quel rapport avec l'orgasme multiple féminin ? Est-ce que n'importe quel homme peut avoir un orgasme multiple ? Toutes ces questions tournent probablement dans votre tête en ce moment. Sans oublier la plus importante de toutes : *Comment y arriver ?*

L'ORGASME MULTIPLE MASCULIN : MA DÉFINITION

Un homme multiorgasmique est, tout simplement, quelqu'un qui peut éprouver plusieurs orgasmes d'affilée. Après avoir ressenti du plaisir, il n'a pas besoin d'un temps de repos. Par « temps de repos », j'entends une phase réfractaire entre les orgasmes pendant laquelle il est difficile d'avoir une érection. Un homme multiorgasmique est capable de conserver son érection même après avoir joui, et de continuer à faire l'amour. Contrairement à la plupart des hommes « normaux », il peut avoir un second, voire un troisième ou un quatrième orgasme sans interruption.

Ce n'est pas la même chose qu'éprouver plusieurs orgasmes au cours d'un après-midi d'amour, séparés par des périodes de repos ou de détente. L'homme multiorgasmique n'a pas besoin de repos. Bien sûr, si lui ou sa partenaire le désire, il peut prendre son temps mais il n'en a pas *besoin*. Il est capable de continuer à faire l'amour *immédiatement* après l'orgasme.

COMMENT EST-CE POSSIBLE ?

Certains hommes, surtout des jeunes, ont beaucoup de chance. Ils sont naturellement doués. Leur fonctionnement physiologique est tel qu'ils ne perdent pas leur érection après l'orgasme, ou qu'ils en ont une seconde si rapprochée que leur rapport sexuel est à peine interrompu. Ces hommes-là sont « nés » multiorgasmiques. Il y a peut-être eu une période de votre vie où vous aussi, vous avez eu ce privilège, mais il est probable que ces jours heureux sont révolus. La bonne nouvelle, c'est qu'aujourd'hui il ne faut plus être né sous une bonne étoile pour devenir multiorgasmique. Il existe une autre manière d'acquérir cette faculté, une manière efficace, quels que soient votre âge et votre expérience sexuelle.

Le secret de l'orgasme multiple est en fait très

simple. Pour la plupart des hommes qui maîtrisent cette faculté, il consiste à apprendre à avoir un véritable orgasme sans éjaculer. Vous avez bien compris : un orgasme total et intense – ou deux, ou trois, ou plus – *sans éjaculer*. S'il n'y a pas éjaculation, vous ne connaissez pas de phase réfractaire, ce qui signifie que vous ne perdez pas votre érection et que vous êtes libre de continuer à faire l'amour jusqu'au moment où vous désirez avoir un orgasme avec une éjaculation simultanée.

UN ORGASME SANS ÉJACULATION ?

Je sais, tout cela n'a pas l'air aussi simple que je le prétends. Il est plus que probable qu'à ce point de mon exposé, vous trouviez mes affirmations étranges, voire inconcevables. En effet, la plupart des hommes ne conçoivent pas l'orgasme sans éjaculation. Les deux phénomènes leur semblent irrémédiablement liés, au même titre que le tonnerre et la foudre. Erreur. Cela peut paraître difficile à croire, mais les sexologues vous le confirmeront, *l'orgasme et l'éjaculation chez les hommes sont deux phases distinctes*. Certes, ils se produisent généralement de manière simultanée et, c'est **vrai**, on a la *sensation* qu'ils sont indissociables. Mais, en réalité, ces phénomènes physiologiques ne sont pas inséparables. Il est possible d'éprouver un véritable orgasme sans éjaculer, et c'est là que réside la clé de l'orgasme multiple. Apprenez à dissocier les deux phénomènes, et vous toucherez au but.

Cette nouvelle ne surprendra pas tous les hommes qui lisent ce livre. Certains ont découvert par hasard cette réalité. En fait, *vous* avez peut-être déjà eu l'occasion de ressentir un orgasme sans éjaculer.

Sur le moment, vous n'y avez pas prêté attention, ou cela vous a laissé perplexe. La plupart des hommes qui ont vécu cette expérience par hasard pensent qu'il s'agissait d'un accident ou d'un phénomène anormal. Dans ce cas, beaucoup craignent d'avoir un problème physiologique, et très peu ont envie de renouveler l'expérience, encore moins de l'améliorer. Mais, croyez-moi, je connais des centaines d'hommes qui vous diront, le sourire aux lèvres, qu'un orgasme sans éjaculation est une expérience qui vaut la peine d'être retentée et perfectionnée. Ces hommes vous diront aussi que si vous n'avez jamais eu d'orgasme sans éjaculation, vous devez essayer. Et c'est ce que vous allez faire, avec mon aide.

JAMES, UN HOMME MULTIORGASMIQUE

J'aimerais vous présenter James, un homme multiorgasmique qui pratique ces techniques depuis presque huit ans. J'ai souhaité commencer par son histoire parce que sa méthode pour atteindre l'orgasme multiple est la plus proche de celle que je propose dans ce livre. Vous ne ferez pas forcément l'amour aussi longtemps que lui, mais la technique que vous utiliserez ne différera guère de la sienne.

Lorsque James a un rapport sexuel avec sa compagne Sharon, il attend généralement au moins dix minutes avant d'avoir un orgasme. Il adopte une cadence lente et se laisse porter par la montée du désir. Puis, au moment d'éjaculer, il pénètre profondément Sharon et contracte le muscle qui va de la base du pénis à la zone à l'arrière des testicules. Cela lui permet d'avoir un véritable orgasme – accompagné d'une accélération cardiaque, de contractions musculaires et de cette extraordinaire sensation libératrice – *sans éjaculer*.

James ne perd pas son érection et peut jouir de cette manière deux à quatre fois. Lorsqu'il veut s'arrêter, il a son dernier orgasme en éjaculant. Il est capable d'arriver à un tel résultat parce qu'il contrôle parfaitement les muscles qui se contractent lors de l'éjaculation.

James se laisse généralement guider par le désir de sa compagne. Si Sharon souhaite un long rapport sexuel, il retarde simplement son éjaculation jusqu'à ce qu'elle soit comblée. Dans l'intervalle, il peut avoir trois ou quatre *véritables* orgasmes. Si elle préfère un rapport plus rapide, il lui obéit avec plaisir. Certaines nuits sont longues, d'autres courtes. L'important est qu'ils peuvent choisir.

ALAN ET SON « ORGASME SEC »

Alan avait d'habitude un orgasme rapide lorsqu'il faisait l'amour et cela s'arrêtait là. Aujourd'hui, il est capable d'en avoir deux. Quand il fait l'amour avec sa femme, il ressent assez rapidement le plaisir suprême – en cinq minutes ou moins. Mais il sait désormais contracter son muscle PC au moment de la jouissance et peut ainsi bloquer l'éjaculation. Il appelle cela son « orgasme sec ». C'est souvent le plus intense, mais ce n'est que le prélude de son acte d'amour.

Après avoir joui une première fois, Alan entame le long périple qui le mènera à nouveau au plaisir. Il aime synchroniser son second orgasme avec celui de sa femme. Tous deux trouvent cela extrêmement satisfaisant. Sharon a besoin d'un long rapport sexuel pour atteindre l'acmé, ce qui explique qu'elle ait participé avec enthousiasme à l'apprentissage de son mari.

Alan et sa femme ont mis au point un système de signaux (clins d'œil, signes de tête, pressions de la main, etc.) qui les aident à synchroniser parfaitement leurs cadences. Lorsque arrive le moment de leur orgasme simultané, Alan relâche simplement tous les muscles qu'il a contractés la première fois et il a un second orgasme complet, cette fois accompagné d'une éjaculation. Alan commente : « Le premier est pour moi... Le second pour nous deux. »

L'HOMME MULTIORGASMIQUE : VARIATIONS SUR UN MÊME THÈME

Les exercices de ce livre vous apprendront ce qui est, à mon avis, la méthode la plus simple et la plus efficace pour atteindre l'orgasme multiple. Mais ce n'est qu'un début. Une fois que vous aurez maîtrisé ces techniques, vous pourrez cultiver votre style personnel. Durant toutes ces années de travail, j'ai vu toutes sortes de variations intéressantes sur le thème de l'orgasme multiple. Par exemple, tandis que la plupart des hommes atteignent l'orgasme multiple en retardant l'éjaculation, certains sont capables d'avoir des éjaculations partielles ou même totales sans perdre leur érection. Par ailleurs, la majorité des hommes étalent leurs orgasmes durant un rapport sexuel prolongé, mais d'autres ressentent plusieurs orgasmes à la suite, en feu continu.

On ne peut pas prédire ce que vous serez capable d'accomplir ou ce qui vous correspondra le mieux. Votre corps est unique et réagit à sa manière unique. Peut-être découvrirez-vous des variantes que je ne connais pas encore. Ne serait-ce pas formidable ? Dans ce cas, faites-le-moi savoir, je suis toujours intéressée par de nouvelles perspectives.

Je voudrais vous présenter deux autres hommes multiorgasmiques. Comme ils sont très différents de James et Alan, vous vous rendrez compte des multiples possibilités qui s'offrent à vous. Souvenez-vous qu'aussi dissemblables que leurs styles puissent paraître, ces quatre hommes ont commencé leur « carrière » multiorgasmique en acquérant les mêmes techniques de base.

BOB PEUT ÉJACULER PLUS D'UNE FOIS
SANS PERDRE SON ÉRECTION

Bob a une façon très différente d'atteindre l'orgasme multiple. Lorsqu'il fait l'amour avec sa femme, il commence généralement à une cadence très rapide et éjacule souvent cinq minutes plus tard. Cependant, après avoir éprouvé du plaisir, il a appris à conserver son érection et son désir, et il adopte alors un rythme plus lent. Après quelques minutes, il est capable d'avoir une seconde éjaculation et un véritable orgasme, aussi intense que le premier. S'il le désire, il peut continuer à faire l'amour ainsi et avoir jusqu'à cinq ou six orgasmes en une heure, tous accompagnés d'une éjaculation.

En prolongeant le rapport sexuel de cette manière, Bob donne à sa femme Janice le temps d'atteindre elle aussi l'acmé, ce qui n'était pas le cas avant que son mari s'initie à ces techniques. Ils compensaient alors par des caresses manuelles ou buccales, mais Janice se sentait toujours frustrée de ne pas éprouver le plaisir ultime lors de la pénétration. Aujourd'hui, elle est une femme comblée.

La méthode pratiquée par Bob s'appelle la multi-éjaculation, c'est une technique plus sophistiquée et plus compliquée que celle de James. Bob a appris à raccourcir ses phases réfractaires, ce qui permet une recrudescence rapide du désir après l'éjaculation.

Lorsqu'il fait l'amour, John éprouve, après dix à quinze minutes, un orgasme extrêmement intense avec une éjaculation partielle. Ensuite, son pénis devient encore plus sensible, décuplant son plaisir. Son érection dure et il maintient un rythme de pénétration soutenu. Puis, dans un très court laps de temps, il ressent une série de mini-orgasmes, presque comme des contre-coups du premier.

L'expérience de John est très proche de l'orgasme multiple que connaissent de nombreuses femmes. Cette forme d'orgasme n'est pas rare chez les hommes. J'ai entendu dire que certains avaient appris seuls cette technique en imitant le rythme respiratoire et les mouvements musculaires des femmes multiorgasmiques. Mais l'intéressant chez John, c'est qu'il n'a plus besoin de faire des efforts pour cela. Il a si bien conditionné son corps que la réaction après-coup est devenue complètement automatique et se produit à chaque fois qu'il a un orgasme.

QUATRE EXCELLENTS ÉLÈVES

James, Bob, John et Alan sont tous les quatre multiorgasmiques, quoique, comme vous avez pu le constater, leurs expériences soient toutes différentes. Mais ces quatre hommes ont un autre point commun. Aucun d'eux n'était naturellement multi-

e. Tous ont appris à le devenir en utili-
technique présentée dans ce livre.

Ces quatre hommes ont un troisième point commun : ils ont tous été mes « élèves ». J'ai été témoin de leur transformation. Je suis fière d'eux.

Lorsqu'un homme s'adresse à un sexologue, cela signifie généralement que la sexualité est pour lui un grand sujet d'angoisse. Ces quatre hommes se débattaient tous avec des problèmes la première fois que je les ai rencontrés et voyez ce qu'ils peuvent faire aujourd'hui. Alors, imaginez les possibilités qui attendent un homme tel que vous, plutôt satisfait de ses performances sexuelles.

« JE VOUDRAIS Y CROIRE, MAIS... »

Je sens que vous n'êtes pas loin d'être convaincu. Dès que l'on connaît la formule secrète de l'orgasme multiple, tout commence à devenir très logique. Mais je ne serais pas surprise si vous vous demandiez à cet instant comment quelque chose d'aussi extraordinaire et d'aussi simple à la fois a pu rester méconnu si longtemps. Comment avons-nous pu ignorer un phénomène aussi important que l'orgasme multiple ? Après tout, la révolution sexuelle a eu lieu il y a des années. S'il est si facile de parvenir à l'orgasme multiple, pourquoi tous les hommes du monde ne sont-ils pas multiorgasmiques ? Et pourquoi ne l'êtes-vous pas déjà ? Ce sont des questions importantes. Et j'ai quelques réponses surprenantes à y apporter.

L'orgasme multiple masculin n'a rien de nouveau. Les civilisations orientales, par exemple, connaissent l'orgasme multiple et l'orgasme sans éjaculation depuis des millénaires, et l'on trouve de nombreuses références à ces pratiques sexuelles dans les ouvrages tantriques et historiques de ces pays. Dans ces contrées exotiques, hommes et femmes s'adonnent à ces plaisirs depuis très, très longtemps.

L'orgasme multiple masculin est attesté par de nombreuses revues spécialisées. La connaissance de ce phénomène n'est pas l'apanage d'une poignée d'âmes éclairées vivant sur des rivages lointains. On peut trouver des références à l'orgasme multiple masculin, certaines remontant même aux années 30, dans de nombreux livres et articles, disponibles dans la plupart des bibliothèques de nos pays.

UNE BRÈVE LEÇON D'HISTOIRE

La découverte de l'orgasme multiple masculin n'a pas été tout de suite très bien accueillie aux États-Unis. Bien au contraire, lorsque les revues scientifiques ont mentionné ce phénomène pour la première fois dans les années 30 et au début des années 40, il était présenté comme un dysfonctionnement, voire une maladie. En d'autres termes, la plupart des scientifiques voyaient là le symptôme d'une sexualité anormale. Étant donné l'attitude prévalant à l'époque, il n'est guère surprenant que ce phénomène n'ait pas beaucoup attiré l'attention.

Puis, en 1948, est paru le livre révolutionnaire d'Alfred Kinsey, *Le comportement sexuel de l'homme*. Kinsey y expliquait clairement que plusieurs des hommes « normaux » qu'il avait interviewés affirmaient avoir plus d'une éjaculation avec la même érection. D'autres disaient avoir fait l'expérience de l'orgasme sans éjaculation, et d'autres encore avoir plus d'un orgasme durant un rapport sexuel. On aurait pu penser qu'une nouvelle de cette importance se répandrait comme une traînée de poudre, mais il n'en fut rien. Bien que les professionnels aient commencé à accepter l'idée de l'orgasme multiple, ils continuaient à croire qu'« on était multiorgasmique ou pas ». En d'autres termes, les hommes ne *devenaient pas* multiorgasmiques : ils avaient ce don à la naissance ou ils ne l'avaient pas. Point final. Ce fut seulement dans les années 70 que les professionnels envisagèrent une troisième possibilité : l'orgasme multiple masculin pouvait s'apprendre. Depuis, beaucoup de sexologues à l'esprit ouvert, dont certains de mes collègues et moi-même, ont travaillé d'arrache-pied pour mettre au point et perfectionner un certain nombre de techniques efficaces que tout homme pourrait maîtriser. Bien que chacun défende ses propres méthodes, nous sommes tous d'accord sur un point : *on peut y arriver*.

Vous avez la chance de vivre dans les années 90. Aujourd'hui, toutes les techniques nécessaires pour devenir multiorgasmique sont à votre disposition. Vous n'avez qu'à les mettre en pratique.

« Où est le piège ? »

Si vous n'êtes pas multiorgasmique, vous avez peut-être tendance à croire qu'un orgasme sans éjaculation n'est pas une expérience si formidable que ça – qu'il est peut-être relativement faible. Je comprends qu'il soit difficile d'imaginer qu'un orgasme sans éjaculation a la même intensité que la vieille association orgasme et éjaculation. Mais j'ai une surprise pour vous. Plus de la moitié des hommes auxquels j'ai parlé affirment que leurs orgasmes sans éjaculation sont plus intenses que n'importe quel orgasme traditionnel qu'ils ont pu éprouver. Vous avez bien lu : pas *aussi* intenses… *plus* intenses ! Lorsqu'on écoute ces hommes évoquer leurs expériences, cela semble parfaitement logique. Voici, par exemple, quatre témoignages :

FRANK, 58 ANS

« L'orgasme sans éjaculation est par certains côtés une expérience plus intense parce que vous la préparez, vous la maîtrisez et vous savez quand elle va se produire. Dans ma "vie sexuelle antérieure", bien que chacun de mes orgasmes ait été accompagné d'une éjaculation, les sensations n'étaient pas toujours très fortes parce que je ne m'y attendais pas totalement. Ou bien j'essayais de retenir mon plaisir si bien qu'il perdait de son intensité. Parfois, j'avais même des éjaculations sans orgasme, ce qui était très désagréable. »

THOMAS, 41 ANS

« Pour avoir plus d'un orgasme, je dois parvenir à un état de désir très intense et le gland de mon pénis devient alors extrêmement sensible. Si je le prolonge assez longtemps, lors de mon premier orgasme, j'ai l'impression d'exploser. »

EDWARD, 27 ANS

« Je n'ai pas un orgasme multiple ou un orgasme sans éjaculation à chaque fois que j'ai un rapport sexuel. Parfois, je fais l'amour simplement pour me détendre ou pour être proche de ma compagne avant de m'endormir. Mais j'ai des orgasmes sans éjaculation lorsque je veux réellement prendre mon temps et vivre une expérience intense. »

JUSTIN, 33 ANS

« Lorsque j'en ai entendu parler pour la première fois, j'ai pensé qu'il était impossible qu'un orgasme sans éjaculation puisse me donner le même plaisir qu'un orgasme normal. Je croyais que l'expérience serait décevante, ou que quelque chose me manquerait. Eh bien, pas du tout. Maintenant, je sens vraiment ce qui se produit durant l'orgasme. Avant, cela arrivait si vite que j'avais à peine conscience de ce que j'éprouvais. »

Êtes-vous un peu plus convaincu ? J'ai entendu ce genre de commentaires des milliers de fois. S'ils ne me surprennent plus, ils m'impressionnent toujours. Je parie que vous aussi, vous êtes impressionné, mais que vous vous sentez légèrement anxieux. Nous pouvons parler à l'infini des miracles de l'orgasme multiple, mais vient un moment où il faut se mettre au travail. Chaque jour, de plus en plus d'hommes deviennent multiorgasmiques et je pense qu'il est temps que vous ayez vous aussi votre chance.

Soyez à l'écoute de vos sensations

Lorsque j'aborde le thème de la découverte des sensations, je pense toujours à deux de mes tout premiers patients, Andrew et Eleanor. Ce couple était venu me consulter parce qu'Eleanor souffrait énormément de la froideur de son mari pendant les rapports sexuels. Cette jeune femme avait l'impression de faire l'amour avec un marteau piqueur. Elle se plaignait qu'Andrew était comme un robot, allant et venant mécaniquement, sans rien remarquer, même lorsque sa tête cognait contre le montant du lit. Andrew admit qu'il se sentait totalement détaché de son corps pendant l'amour. Il admit aussi qu'il éprouvait une grande anxiété dans ces moments-là. Il avait l'impression que s'il n'agissait pas exactement de cette manière, il perdrait son érection, ou bien Eleanor s'ennuierait.

Andrew n'imaginait pas qu'il pouvait adopter une cadence plus lente et savourer l'acte d'amour dans « l'instant présent ». Au début, cette seule idée l'angoissait. Je savais qu'il avait besoin d'apprendre à ralentir et à apprécier son propre corps avant de pouvoir apprécier celui de sa femme. C'est pourquoi j'ai commencé la thérapie en lui montrant certains exercices de « sensate focus » qu'il pouvait pratiquer seul ou avec Eleanor, et qui devaient l'aider à découvrir son propre corps. Dans ce chapitre, je vais vous enseigner la plupart de ces exercices. Je ne dis pas que tous les hommes sont aussi détachés de leur corps que l'était Andrew. Mais chaque homme, quel que soit son rapport avec son corps, tirera un profit inestimable de ces techniques.

Les hommes ont tendance à être obsédés par un seul but : l'érection et la pénétration. Pour la plupart des femmes, cela rend la sexualité peu intéressante. En outre, cela rend presque impossible l'orgasme multiple. Ce chapitre vous aidera à mieux percevoir les changements qui interviennent constamment dans votre corps lors de la montée du désir et à savourer pleinement les merveilleuses sensations physiques que vous vivez. Il vous préparera aussi à prolonger et à intensifier chacune de ces sensations.

Prendre conscience du processus de votre désir est fondamental si vous souhaitez devenir multi-orgasmique. Un bon pilote ne sait pas seulement voler, il connaît aussi parfaitement le fonctionne-ment de son avion. Un virtuose ne se contente pas de jouer, il a une relation intime avec son instru-ment. Il en va de même pour la sexualité. Il ne suf-fit pas de posséder un pénis. Vous avez besoin de connaître intimement les multiples nuances de vos réactions sexuelles si vous désirez apprendre les techniques présentées dans les chapitres suivants et maîtriser l'art de l'orgasme multiple masculin.

Qu'est-ce que le « sensate focus » ?

Les techniques de « sensate focus » sont des exercices structurés de caresses sensuelles, conçus par des sexologues pour aider les hommes et les femmes à ressentir intensément, apprécier et contrôler chacune des étapes du désir et du plaisir. Ces techniques éprouvées permettent d'accéder au niveau de conscience corporelle nécessaire pour maîtriser les différentes phases du désir, de l'orgasme et de l'éjaculation.

Nous utiliserons des techniques de « sensate focus » dans la plupart de nos exercices. Elles n'impliquent pas le coït, mais des manières sensuelles et aimantes d'être en contact avec votre compagne. L'excitation n'est pas ici le but recherché, l'orgasme non plus. Votre seul objectif est de savourer pleinement les sensations que vous êtes sur le point de vivre.

Les techniques de « sensate focus » vous permettent d'être conscient de votre corps

Pour beaucoup de couples, la sexualité devient vite un peu routinière. Êtes-vous inquiet parce que votre amour qui fut un temps si fort et si passionné a perdu beaucoup de son intensité ? Êtes-vous toujours à l'affût de nouveaux fantasmes pour ranimer votre flamme ? Les techniques de « sensate focus » vont tout changer.

Je pense qu'une des raisons majeures pour

lesquelles la sexualité perd de sa magie tient au fait que nous sommes trop pressés lorsque nous faisons l'amour. À mon avis, la plupart des gens bâclent leurs rapports sexuels. On a l'impression que les partenaires ont tellement hâte d'arriver à l'orgasme qu'ils passent à côté de toutes les sensations merveilleuses que peuvent connaître leurs corps. Si vous souhaitez que votre vie sexuelle soit plus excitante et plus riche, la première chose à faire est de prendre votre temps. Et c'est là qu'interviennent les techniques de « sensate focus ».

Ces techniques vous obligent à ralentir, à prendre conscience de votre corps et de celui de votre partenaire comme jamais auparavant. Les fantasmes, c'est merveilleux, mais ils ont tendance à privilégier le mental sur le physique. Dans certains cas, je ne pense pas que ce soit la bonne méthode. Pour enrichir notre vie sexuelle, nous avons besoin d'appréhender plus intensément la réalité, pas de fantasmer. Les techniques de « sensate focus » vous ramènent à la réalité. Elles vous permettent de concentrer votre énergie et d'apprécier chacune des nuances érotiques de votre désir et de celui de votre compagne. Pour moi, il n'y a pas de meilleur aphrodisiaque.

LES RÈGLES FONDAMENTALES

Avant d'aller plus loin, vous avez besoin de connaître les trois règles fondamentales du « sensate focus » :

Règle n° 1 : soyez très attentif à l'endroit exact où

vous êtes caressé ou que vous caressez. Essayez de rester concentré au maximum.

Règle n° 2 : restez dans le « ici et maintenant ». Ne pensez pas à ce qui s'est produit la semaine dernière ou à ce qui pourrait arriver jeudi prochain. Essayez d'oublier tout ce qui n'est pas lié à l'instant présent.

Règle n° 3 : ne vous imposez aucune pression, et n'en faites pas subir non plus à votre compagne, si vous vivez en couple. Les sexologues appellent cela une « relation gratuite ». De même, j'appelle les exercices de « sensate focus » des exercices « gratuits » ou « libres ». Ici, on ne vous décerne pas de note. Les notions de bien ou de mal, de bien faire ou de mal faire, n'ont pas cours. Il vous suffit d'éprouver le plaisir de caresser et d'être caressé.

LA PRÉPARATION AUX EXERCICES

À partir de ce point du programme, je vous recommande de pratiquer tous les exercices dans une pièce calme où vous ne serez pas dérangé. Vous allez avoir besoin d'un lit (mais vous pouvez préférer une chaise confortable pour les exercices en solo). Prévoyez aussi de la vaseline, de l'huile pour bébé, de l'huile de massage, de la crème ou un autre lubrifiant du même genre. Assurez-vous que le lubrifiant choisi ne risque pas d'irriter vos organes génitaux. Ayez une serviette propre et des préservatifs, si vous en utilisez, à portée de main.

Vous trouverez peut-être utile d'avoir une pendule à côté de vous pour ne pas perdre complètement la notion du temps. S'il y a un téléphone dans la pièce, décrochez-le. Si vous avez des enfants, faites-les garder par une baby-sitter ou attendez qu'ils soient endormis. Choisissez l'éclairage que vous préférez, mais je vous déconseille un fond musical. Vous avez besoin de vous concentrer au maximum sur les sensations que vous allez ressentir.

Si vous appreniez ces techniques dans nos locaux, le décor serait exactement le même – une pièce calme, avec un lit, des lubrifiants, une pendule, une serviette, etc. Aucun équipement spécial n'est nécessaire.

LA CARESSE GÉNITALE

Il y a de nombreuses techniques de « sensate focus ». Dans ce livre cependant, je ne vous parlerai que de la caresse génitale. Vous pouvez apprendre la caresse génitale « sensate focus » avec votre compagne (exercice 4) ou seul (exercice 5). Vous devez disposer d'une heure pour l'exercice 4 et d'une demi-heure pour l'exercice 5.

EXERCICE 4 : LA CARESSE PARADISIAQUE (EN COUPLE)

Pour cet exercice, l'un des partenaires joue le rôle *actif* et l'autre le rôle *passif*, puis vous inverserez les rôles au milieu pour qu'aucun de vous ne se sente lésé.

Supposons que la femme soit d'abord la partenaire passive. Elle doit commencer par s'allonger sur le dos et se détendre. Il faut qu'elle prenne tout son temps et se relaxe totalement. Cet exercice ne peut débuter que lorsque le partenaire passif est parfaitement détendu.

Vous qui êtes le partenaire actif, vous allez caresser son corps doucement, amoureusement, pendant environ quinze à vingt minutes. Caressez-la d'une manière extrêmement lente, en restant très concentré. Puisqu'il s'agit d'une caresse génitale, vous allez toucher essentiellement ses organes génitaux, sans toutefois vous y limiter.

Caressez-les *lentement* avec vos doigts ou votre bouche, en explorant à la fois l'extérieur et l'intérieur du vagin. Utilisez beaucoup de lubrifiant. Concentrez-vous intensément sur les parties que vous découvrez. Soyez très attentif à ce que vous touchez et à ce que vous regardez. Laissez-vous envahir par ces sensations. Souvenez-vous que cet exercice est « gratuit ». Vous ne touchez pas votre compagne pour lui faire plaisir ou pour l'exciter. Vous la touchez pour *vous* faire plaisir. Ainsi, ni elle ni vous n'avez à vous sentir sous pression.

Votre compagne doit simplement rester allongée, immobile. Il faut qu'elle reste complètement passive, les yeux fermés. Elle ne doit ni bouger, ni vous rendre vos caresses, ni parler, à moins que vos gestes ne la mettent mal à l'aise. Elle a seulement besoin de sentir vos caresses. Si elle se déconcentre, elle doit doucement recentrer ses pensées sur le point que vous touchez. Si vous remarquez que son corps se contracte, touchez-lui légèrement la jambe pour l'inciter à se détendre. Essayez de rester aussi concentré que possible, profondément absorbé par vos caresses et par ce que vous ressentez. Si vous commencez à penser à autre chose, recentrez-vous doucement sur la caresse. Ce n'est pas grave si vous êtes plusieurs fois déconcentré. Ce qui importe, c'est qu'à chaque fois vous vous en rendiez compte et que vous vous concentriez à nouveau sur l'exercice.

C'est une technique merveilleuse pour apprendre à se détendre et à savourer ses sensations. Votre seul objectif est que vous et votre partenaire éprouviez autant de plaisir que possible. Si vous sentez que vos gestes deviennent mécaniques ou si vous en avez assez de la caresser, ralentissez votre rythme. Il y a de fortes chances que vous ne vous laissiez pas complètement aller à savourer l'instant présent.

Conseil : si vous commencez à caresser le clitoris de votre compagne ou si vous essayez de l'exciter, elle sentira votre changement d'attitude. Elle tient le rôle passif et elle n'est pas censée répondre à vos caresses. Alors, n'essayez pas de transgresser les règles. Tenez-vous-en au programme.

Une fois que vous avez joué le rôle actif pendant environ vingt minutes, il est temps d'inverser les positions (vous pouvez, bien sûr, prolonger l'exercice si vous le désirez). Cette fois, l'homme adopte le rôle *passif.*

Allongez-vous confortablement, jambes légèrement écartées. Gardez les bras détendus le long de votre corps, ou bien croisez-les derrière votre tête. Une fois que vous aurez adopté une position, essayez de la garder.

Votre compagne va passer les vingt minutes suivantes à caresser votre corps, en se concentrant essentiellement sur vos organes génitaux. Je suggère qu'elle utilise de l'huile pour bébé ou un autre lubrifiant que vous aimez tous les deux. Elle peut vous caresser avec ses mains, avec sa bouche ou les deux à la fois.

Votre objectif est de rester concentré sur ses caresses et vos sensations. Ne bougez pas, ne parlez pas. Laissez votre partenaire découvrir ce qu'elle ressent en caressant votre pénis et votre scrotum.

Que vous ayez ou non une érection n'a pas d'importance. Un pénis au repos peut être aussi agréable à toucher qu'un pénis en érection, la sensation est simplement différente. Votre partenaire doit seulement se concentrer sur ses caresses, pas vous exciter. Si vous avez une érection, vous n'avez pas à réagir de quelque manière que ce soit. À ce stade, vous devez seulement savourer les sensations que suscite votre désir.

Conseil : expliquez bien à votre partenaire que l'objectif n'est pas de vous exciter. Tout ce qu'elle doit faire, c'est vous toucher d'une manière qui lui soit agréable à elle.

Ne contractez pas votre muscle PC au cours de cet exercice. Ne retenez pas votre respiration. Fermez simplement les yeux, détendez-vous et concentrez-vous sur les caresses de votre compagne. Si l'excitation est telle que vous éjaculez, ce n'est pas grave. Laissez votre compagne vous essuyer et continuer ses caresses. L'important est de ne rien forcer.

Si votre compagne sent que vous vous contractez, elle doit vous le signaler en vous tapant doucement sur la jambe. Parlez-lui seulement si elle fait quelque chose qui vous met mal à l'aise. Sinon, laissez-vous porter par le plaisir de l'instant et jouissez de vos sensations.

Si vous vous déconcentrez, recentrez-vous doucement sur la partie de votre corps que touche votre partenaire. Si vous êtes plusieurs fois déconcentré, ce n'est pas grave, entraînez-vous seulement à bien vous focaliser sur vos sensations.

Si vous ne vivez pas en couple, ou si vous préférez vous exercer seul, la caresse génitale « sensate focus » reste néanmoins agréable. Comprenez bien qu'il ne s'agit pas d'un exercice de masturbation, mais d'une méthode qui vous permet de ressentir la richesse de vos sensations et la montée de votre désir. Vous pouvez éventuellement atteindre l'orgasme, mais ce n'est pas votre *but*. Votre seul objectif est de faire naître et d'éprouver autant de sensations que possible.

EXERCICE 5 : ENFIN SEUL (SOLO)

Allongez-vous sur le dos, fermez les yeux et détendez-vous (vous pouvez opter aussi pour une chaise confortable, si vous le préférez). En utilisant beaucoup de lubrifiant, commencez à vous caresser d'une manière lente et sensuelle. Vous aurez peut-être envie de toucher d'abord votre torse ou vos cuisses, puisque ces deux zones sont probablement sensibles. Passez lentement aux organes génitaux. Lorsque vous caressez votre pénis, n'adoptez pas le rythme de la masturbation. Votre objectif n'est pas de vous exciter. Explorez tous les coins et recoins de votre zone génitale. Prenez votre temps.

Souvenez-vous que votre priorité est de rester aussi détendu que possible et de vous concentrer sur l'instant présent. N'essayez pas de *faire* quoi que ce soit d'autre que de jouir de vos sensations. Que vous ayez ou non une érection est sans importance. Cet exercice est « gratuit ». Votre seul objectif est d'éprouver la richesse de vos sensations. Si vous vous déconcentrez, recentrez-vous en douceur sur ce que vous ressentez dans l'instant. Cela peut se produire plusieurs fois. Ce n'est pas grave. Recentrez-vous simplement à chaque fois sur l'exercice.

Conseil : si vous vous dites : « Je me demande si j'ai vraiment une érection », ou : « Est-ce que je pourrais avoir un orgasme ? », vous pensez en termes de performance sexuelle. Cela signifie que vous exercez une subtile pression sur vous-même. Concentrez-vous uniquement sur vos sensations. C'est le seul but de cet exercice.

Je suggère que vous fassiez durer cet exercice au moins vingt minutes. Une demi-heure serait l'idéal. Parfois, en l'absence de partenaire, on a tendance à accélérer le rythme, ce qui va à l'encontre du but recherché dans le « sensate focus ». Souvenez-vous que l'accent est mis sur la sensualité, pas sur la sexualité. Certains hommes se sentent un peu gênés durant cet exercice. C'est parfaitement normal, surtout si vous ne vous masturbez pas souvent ou si vous cherchez à atteindre l'orgasme très rapidement lorsque vous faites l'amour. Ne vous inquiétez pas. Votre gêne disparaîtra avec le temps.

C'EST ÉVIDEMMENT AGRÉABLE, MAIS...

La caresse génitale « sensate focus » est extrêmement agréable, n'est-ce pas une raison suffisante pour l'apprendre ? À partir de maintenant, presque tous les exercices de ce livre commenceront par cette caresse, ce qui est une autre bonne raison pour l'apprendre. Mais pourquoi cette technique est-elle si importante ?

La caresse génitale « sensate focus » vous permet de vous concentrer sur vos sensations sans vous laisser distraire. Elle vous permet de jouir de l'instant présent, et cela sans mettre aucune pression sur vous ou votre compagne. Tout cela est essentiel pour maîtriser l'art de l'orgasme multiple.

Nous pourrions parler pendant des heures des nombreux bienfaits de la caresse génitale « sensate focus », mais vous avez besoin d'en faire *l'expérience*. Voilà pourquoi j'ai inclus ces exercices. Alors, savourez-les, recommencez-les autant de fois que vous en aurez envie, et souvenez-vous que le plaisir que vous ressentez est seulement l'une des multiples récompenses qui vous attendent.

Découvrez votre échelle de désir

Pour savoir où vous allez, il faut savoir où vous êtes. Malheureusement, la plupart des hommes connaissent très mal leur propre fonctionnement sexuel et ne sont pas toujours conscients de ce qu'ils éprouvent ou ressentent dans ces moments-là. Ils savent que quelque chose d'agréable est en train de se produire, mais pas exactement ce qu'est ce « quelque chose ». Ils savent bien sûr qu'ils sont excités, mais ils ne perçoivent pas les nuances subtiles de leur propre désir. Cela limite terriblement leur expérience et aussi celle de leur compagne.

Ce chapitre va vous apprendre à reconnaître ce qui se produit dans votre corps lors de la montée du désir. Il va aussi vous aider à écouter ce que vous dit votre corps et à utiliser ces messages pour décupler votre plaisir et celui que vous donnez à votre compagne.

QUELLE EST L'INTENSITÉ DE VOTRE DÉSIR ?

Demandez à un homme normal s'il est excité, il vous répondra clairement « oui » ou « non ». Mais si vous lui demandez de décrire son état d'excitation, il ne vous en dira pas tellement plus. En revanche, si vous parlez avec un homme multiorgasmique, la conversation sera bien différente. Les hommes multiorgasmiques maîtrisent leur désir. Ils connaissent les nuances de leur expérience érotique et savent tirer parti de l'acuité de leurs perceptions pour prolonger et magnifier leur expérience. Demandez-leur de décrire leur état d'excitation et ils vous écriront un roman. Peut-être même incluront-ils un poème.

L'excitation sexuelle est en fait un processus très complexe et très sophistiqué, constitué de différentes phases ayant chacune une intensité et une tonalité particulières. Certains passages d'un état à un autre sont subtils, d'autres très nets, mais en tout cas la montée du désir ne fonctionne pas en noir et blanc. Elle ressemble plutôt à un arc-en-ciel. Nous allons maintenant apprendre à reconnaître et à apprécier les différentes couleurs de cet arc-en-ciel en prenant conscience des subtiles différences qui existent entre elles.

Dès que vous serez sensible aux nuances de votre excitation, vous aurez une relation bien plus intime avec votre corps, ce qui est très important lorsque vous chercherez à atteindre votre premier orgasme multiple. Il ne suffit pas d'être excité pour y arriver. Vous devez être excité *et* conscient. Cela ressemble un peu à l'apprentissage de la composition musicale. Même si vous appréciez la musique, il vous sera difficile d'écrire une chanson sans connaître le solfège. Plus vous exercerez votre oreille, mieux vous reconnaîtrez les notes. Les dièses et les bémols ont des tonalités plus subtiles, mais eux aussi sont extrêmement importants.

DÉCOUVREZ VOTRE ÉCHELLE DE DÉSIR

Notre échelle de désir va être une échelle très simple, graduée de 1 à 10, où 1 est le dégré zéro d'excitation et 10 le niveau suprême.

Commençons par le niveau 1. Que ressentez-vous à ce niveau ? Laissez-moi vous donner un exemple. Imaginez une chaude journée d'été, un samedi après-midi. Vous venez de finir de déjeuner et vous songez à faire une lessive. Vous devez sortir votre chien et laver votre voiture. Le sexe est bien la dernière chose à laquelle vous pensez. Vous n'êtes absolument pas excité, en aucune manière. À ce moment-là, vous êtes au niveau 1.

Passons maintenant au niveau 10, qui est aussi facilement identifiable puisqu'il s'agit de l'orgasme. Avec un grand « O ». Le bout du chemin.

Maintenant, il ne nous reste plus qu'à établir les niveaux intermédiaires entre ces deux points. Le niveau 2 ou 3 est cette légère sensation de frémissement qu'un homme ressent à la base de son pénis lorsqu'il devient excité. La bête qui sommeille en lui vient de se réveiller. Le désir est subtil mais présent.

Ensuite vient le niveau 4. C'est un état plus soutenu d'excitation. La sensation s'est précisée… Vous vous sentez bien, pourtant, vous pourriez en rester là sans grande difficulté. Au niveau 5 et au niveau 6, votre excitation est déjà plus substantielle. Vous êtes dans le feu de l'action. Une fois que vous avez atteint ces niveaux, vous n'avez pas envie de vous arrêter. Vous vous sentez *trop* bien. Au moment où vous atteignez le niveau 7 et le niveau 8, votre cœur se met à battre plus vite et le sang peut vous monter au visage. Si vous avez à parler, vous serez probablement essoufflé. Le niveau 9 est intense. Vous n'êtes plus très loin du plaisir suprême... Le monde extérieur vous semble très loin, et rien, ou presque, ne pourrait désormais vous arrêter.

L'instant qui précède juste le niveau 10 est un instant crucial que j'appelle le « point de non-retour ». On le nomme aussi communément « point d'irréversibilité ». Vous n'avez peut-être jamais entendu ce terme, mais je parie que vous connaissez bien cet état. C'est le moment où il est clair que vous allez avoir un orgasme. On atteint le point d'irréversibilité par toute une série de changements physiologiques, mais il est subjectivement vécu comme un tournant psychologique.

Une fois que vous avez atteint le point de non-retour, impossible de reculer. Votre corps a besoin d'avoir un orgasme. Le ciel pourrait vous tomber sur la tête ou la terre entrer en collision avec un astéroïde, vous vous en moquez éperdument. Le grand moment approche.

Sur notre échelle de 1 à 10, ce « point de non-retour » se situe à 9,9. Souvenez-vous bien de ce nombre, il est très important, pour des raisons que j'expliquerai plus tard.

Rien de tel que la pratique

Parler de ces niveaux de désir peut paraître un peu abstrait. Vous avez besoin d'en faire l'expérience, c'est la seule façon de maîtriser vraiment le système. Une des méthodes pour identifier chaque phase est de la comparer aux précédentes, ou à la suivante. Le niveau 3 est un peu plus élevé que le 2. Lorsque vous êtes au niveau 7, vous avez clairement passé le niveau 5 ou 6, mais vous n'avez pas encore atteint le 8. Tout ceci vous semble vague ? Je vous promets que cette confusion va se dissiper rapidement.

L'important est que chaque degré vous paraisse légèrement différent. Les seuls nombres absolus sont 1, c'est-à-dire le degré zéro ; 9,9 le point de non-retour ; et 10, l'orgasme. Ne vous inquiétez pas si votre 4 correspond au 5 de quelqu'un d'autre. Il n'existe pas de 3 ou de 6 défini et valable pour tous, tous ces nombres représentent des degrés *relatifs* d'excitation.

Utiliser une échelle numérique pour décrire votre désir peut vous sembler un peu bêta, pourtant, je vous demande de prendre ce système très, très au sérieux. Je vais me référer constamment à ces différents degrés lors des prochains exercices. C'est le seul système qui nous permette de communiquer suffisamment clairement pour garantir que vous assimiliez ce programme. Je ne veux pas avoir l'air d'une maîtresse d'école, mais si vous voulez maîtriser les techniques de l'orgasme multiple, vous devez connaître votre échelle de désir.

Conseil : s'il vous plaît, n'utilisez pas ces degrés pour porter un jugement de valeur sur vos performances sexuelles. Le 6 n'est pas meilleur que le 3, le 4 n'est pas pire que le 7. Ce sont tout simplement des degrés différents. Dans ces exercices, les notions de bien ou de mal n'ont pas cours. Vous n'êtes ni noté ni jugé. Votre seul objectif est de comprendre plus intimement les subtiles modifications de votre corps lors de la montée du désir.

L'ÉRECTION

Vous remarquerez que je n'ai pas encore parlé d'érection. Les hommes associent généralement excitation et érection, mais ce n'est *pas* la même chose. L'excitation est une sensation subjective qui peut être éprouvée par tout le corps, bien qu'elle soit généralement plutôt concentrée dans la région génitale. L'érection, en revanche, désigne la turgescence du sexe. C'est un phénomène objectif qui est la conséquence directe de la montée du sang dans le pénis.

Un homme peut se sentir très excité – incroyablement excité – et pourtant ne pas avoir d'érection. Peut-être avez-vous déjà éprouvé cette sensation après une longue nuit d'amour quand votre tête voulait continuer, mais que votre pénis déclarait forfait, ou avec une nouvelle compagne qui vous excitait terriblement, mais vous rendait aussi extrêmement nerveux. De nombreux hommes se sont déjà sentis excités au point de ressentir un orgasme sans avoir d'érection.

Peut-être avez-vous une érection lorsque vous atteignez le niveau 4, ou bien seulement le niveau 6. Ou encore, comme la plupart des hommes, vous avez sans doute des réactions différentes selon les circonstances. Nous sommes intéressés ici par votre degré de désir. Comme vous le savez d'expérience, souhaiter trop intensément une érection risque d'avoir un effet désastreux alors que si vous êtes détendu, vous n'avez probablement aucun problème. Donc, n'y pensez pas. À ce stade de notre travail, vous avez seulement besoin de vous concentrer sur votre échelle de désir.

EN ROUTE VERS LES PICS

Pour vous aider à découvrir votre échelle de désir, vous allez apprendre à « atteindre des pics ». Atteindre un pic signifie laisser votre désir monter à un certain niveau et puis immédiatement le faire redescendre. Vous pouvez, par exemple, parvenir à une excitation de niveau 6, puis la laisser retomber. Vous avez alors atteint un pic niveau 6 (souvenez-vous que nous parlons ici d'excitation, pas d'érection). Essayer de *maintenir* votre excitation à un niveau donné est un exercice différent qu'on appelle « atteindre un plateau ». Vous apprendrez cela dans un prochain chapitre.

Si vous trouvez cet exercice difficile ou frustrant

au début, ne vous inquiétez pas. La plupart des hommes ont besoin d'un certain nombre de séances avant de le comprendre vraiment. Si vous travaillez avec votre compagne, ses observations vous seront très utiles puisqu'elle percevra objectivement les légères différences entre vos niveaux. Faites-lui savoir que ses commentaires sont les bienvenus.

L'exercice 6 dure quinze à vingt minutes et peut se faire seul. L'exercice 7, un peu plus long, se pratique avec une partenaire.

EXERCICE 6 : L'ASCENSION DU MONT EVEREST (EN SOLO)

À nouveau, allongez-vous ou asseyez-vous, détendez-vous. Enduisez vos mains et votre pénis de lubrifiant. Vous allez commencer par une caresse génitale comme vous l'avez apprise dans l'exercice 5. Caressez-vous lentement jusqu'à ce que vous ayez atteint ce que vous considérez comme le niveau 4 d'excitation, c'est-à-dire ce moment où, après le « frémissement », vous sentez un faible mais constant « bourdonnement » d'excitation. Souvenez-vous que vous n'essayez pas de vous masturber, mais que vous vous caressez.

Lorsque vous avez atteint le niveau voulu, *arrêtez* la stimulation et respirez profondément… lentement et profondément. Vérifiez que tous vos muscles sont bien détendus. Maintenant, laissez votre excitation retomber au niveau 2. Prenez votre temps. Vous venez d'atteindre votre premier « pic » au niveau 4.

Après être redescendu au niveau 2, recommencez à vous caresser. Cette fois, voyez si vous pouvez monter environ au niveau 6. Vous aurez peut-être besoin de vous caresser un peu plus vite pour atteindre ce niveau légèrement plus élevé. C'est normal. Lorsque vous y êtes parvenu, arrêtez à nouveau la stimulation. Prenez lentement une profonde inspiration et laissez votre excitation retomber au niveau 4. Assurez-vous que *tous* vos muscles sont complètement détendus. Vous venez d'atteindre un « pic » au niveau 6.

Vous allez continuer cet exercice pendant quinze à vingt minutes. Essayez d'avoir un pic aux niveaux 4, 6, 7, 8 et 9, c'est-à-dire juste avant le « point de non-retour ». En atteignant chaque niveau, il est important d'arrêter la stimulation, de se détendre, d'inspirer profondément et de vérifier que tous vos muscles sont bien détendus. Laissez toujours l'excitation redescendre au moins d'un niveau, de préférence deux, après chaque pic.

Conseil : ne cherchez pas à monter trop vite en passant par exemple directement du niveau 3 au niveau 8. Essayez plutôt de faire durer votre excitation par une série prolongée de pics progressivement plus élevés. Si vous le représentiez par une courbe, vous devriez obtenir une vague, pas une pointe.

Pas de précipitation. Chaque cycle devrait nécessiter entre quatre et cinq minutes. Faites-les durer.

Laissez-vous lentement envahir par le désir et savourez chacun de vos pics. Lorsque vous atteindrez des niveaux élevés, vous aurez peut-être des difficultés à vous détendre. Une manière de surmonter ce problème est de respirer de plus en plus profondément à chaque fois que vous montez d'un niveau. Si toute cette stimulation vous donne envie d'éjaculer, faites-le. Sinon, arrêtez l'exercice dès que vous aurez atteint quatre à cinq pics. Si vous ne parvenez pas au niveau 8 ou 9 dès la première séance, ce n'est pas grave ; vous y arriverez avec de la pratique.

Votre objectif ultime est d'atteindre des pics élevés, ce qui ne sera pas difficile une fois que vous aurez assimilé le processus. Après avoir répété plusieurs fois cet exercice, vous pourrez identifier vos différents niveaux et vous y sentir à l'aise. Croyez-le ou non, mais vous saurez vite différencier les niveaux 8, 8,5, 9 et 9,5. Cette sensibilité extrême aux phases de votre désir fera de l'orgasme multiple un jeu d'enfant.

EXERCICE 7 : ASCENSION EN COUPLE

Allongez-vous sur le dos, fermez les yeux et détendez-vous. Votre compagne va commencer l'exercice par une caresse génitale « sensate focus ». Elle doit vous caresser lentement et doucement en se concentrant sur son propre plaisir. Elle peut utiliser ses mains ou sa bouche, ou les deux à la fois. Quant à vous, focalisez-vous sur vos sensations.

Ainsi, vous ne vous sentirez ni l'un ni l'autre sous pression.

Une fois qu'elle a commencé, votre partenaire doit vous demander de la prévenir lorsque vous aurez atteint le niveau 4. Prenez votre temps. Savourez ses caresses. Dites simplement « 4 » au moment voulu. Votre partenaire suspendra alors ses caresses. Vérifiez que tous vos muscles sont détendus. Prenez une grande inspiration et laissez votre excitation retomber d'un ou deux niveaux. Lorsque vous vous sentez prêt, faites savoir à votre partenaire qu'elle peut continuer. Il est utile d'avoir convenu à l'avance d'un signal : hochement de tête, clin d'œil ou geste de la main.

Votre compagne doit reprendre la stimulation très lentement, en étant très concentrée. Jouissez de ses caresses jusqu'au niveau 6. Ne vous pressez pas. Puis, au niveau voulu, prévenez-la en disant « 6 ». Elle doit immédiatement arrêter toute stimulation pendant au moins quelques secondes. Prenez une profonde inspiration, vérifiez que vos muscles sont bien détendus et redescendez de quelques niveaux. Une fois que vous êtes prêt à reprendre, signalez-le à votre partenaire.

De la même manière, essayez d'atteindre les niveaux 7, 8, 9 et 10, si possible. Au besoin, sautez un ou deux niveaux. Selon ce que vous ressentez au cours de cet exercice, vous pouvez avoir envie d'aller jusqu'à l'orgasme. Si vous ne le désirez pas, arrêtez l'exercice au niveau 8, ou au niveau de votre choix. Vous êtes parfaitement libre de choisir.

Le niveau que vous atteindrez n'a pas d'importance à ce stade. Ce qui importe, c'est que vous appreniez à écouter votre corps. Si vous préférez rester à des niveaux plus bas pendant un moment, ce n'est pas grave. Si vous voulez monter jusqu'au niveau 10 et avoir un orgasme, c'est parfait aussi. N'oubliez pas que vous êtes seul juge en la matière. Vous devriez être capable de vous demander : « Qu'est-ce que je désire vraiment aujourd'hui ? » Souvenez-vous, ces exercices doivent vous procurer du plaisir.

Si vous prenez votre temps, vous pouvez faire durer l'exercice à peu près une heure. Pour que l'expérience soit encore plus agréable pour votre couple, commencez par faire une caresse génitale à votre compagne. Si elle le désire, elle peut elle-même apprendre à dépasser ses propres limites.

Conseil : notez qu'il est possible de faire une « overdose de pics sensoriels ». Si vous atteignez plus de trois ou quatre pics vraiment élevés en une seule séance, vous serez peut-être temporairement incapable d'éjaculer. Ne vous effrayez pas et n'appelez pas les urgences. Vous n'avez pas fait d'erreur. La sensation est un peu étrange, mais elle ne durera pas. La meilleure chose à faire est d'arrêter l'exercice pendant dix minutes environ et tout redeviendra normal.

PLUS LOIN ET PLUS HAUT ?

Lorsque vous aurez pratiqué les exercices de ce chapitre un certain nombre de fois, vous aurez une perception très aiguë des phases de votre désir, ce qui est très important. Si votre compagne a travaillé avec vous, elle aussi sera davantage à l'écoute de votre corps. Plus elle sera consciente de vos pics et plus elle sera impliquée dans la suite des événements, ce qui rendra le processus beaucoup plus excitant pour vous deux. Répétez ces exercices autant de fois qu'il le faudra pour que vous vous sentiez très à l'aise aux différents niveaux. Souvenez-vous qu'avoir un orgasme n'est pas votre objectif. Vous n'avez pas à jouir à chaque fois, ni même une *seule* fois. Si vous avez envie d'avoir un orgasme, laissez-vous aller. Sinon, n'insistez pas. Et ne bâclez pas ces exercices pour arriver plus vite au résultat final. Vous seriez obligé de revenir sur ce chapitre plus tard. Vous construisez en ce moment les fondations de l'édifice. Il faut qu'elles soient solides. Alors, prenez votre temps, vous atteindrez le faîte bien assez tôt.

Maintenant que vous connaissez votre échelle de désir, vous êtes prêt à passer au chapitre suivant. Si certains hommes ont hâte d'avancer, d'autres aiment faire durer le plaisir. Sentez-vous libre de prendre votre temps et d'affiner vos perceptions aussi longtemps que vous le désirerez. Après tout, vous n'en saurez jamais trop sur vous et votre désir. Mais n'oubliez pas que d'autres plaisirs vous attendent lorsque vous tournerez cette page.

L'orgasme, l'éjaculation
et vous

Dans les chapitres précédents, vous avez découvert les éléments clés qui vont vous permettre d'atteindre l'orgasme multiple. Vous avez appris à identifier votre muscle PC, l'outil fondamental, et, avec un peu de chance, vous faites travailler le vôtre alors même que vous me lisez. Vous savez tout sur la technique de « sensate focus », la relation gratuite et le point de non-retour. Vous connaissez votre échelle de désir et le plaisir d'atteindre des pics.

Maintenant, vous êtes prêt à découvrir quelques nouvelles notions. Je sais que vous avez hâte d'arriver aux exercices décisifs que vous aborderez deux chapitres plus loin, mais patience, vous atteindrez bientôt le bout du chemin. Tout grand cuisinier vous dira que le secret de la cuisine tient à la préparation. Alors, détendez-vous, inspirez profondément et essayez de profiter au maximum de ces exercices très importants.

DE L'INFLUENCE DU MUSCLE PC
SUR LES PICS D'EXCITATION

Maintenant que vous savez atteindre des pics, vous êtes prêt à découvrir comment vous servir du muscle PC pour maîtriser la montée de l'excitation. Un PC tonique joue le même rôle que le frein d'une voiture. Vous pouvez utiliser ce muscle pour contrôler votre désir de la même manière que vous utilisez le frein pour contrôler votre vitesse, et vous n'avez même pas besoin d'un permis pour vous entraîner.

Mieux encore : un muscle PC tonique vous permet non seulement de maîtriser votre excitation, mais aussi de « freiner » l'éjaculation lorsque vous avez un orgasme.

Dans le chapitre précédent, vous vous êtes entraîné à faire retomber votre excitation en arrêtant la stimulation à chaque pic. Dans les deux exercices suivants, vous allez apprendre à arriver au même résultat de manière beaucoup plus efficace en contractant votre muscle PC pendant un pic. Cette technique est un peu compliquée, parce qu'il y a en fait trois manières de contracter votre muscle PC lorsque vous êtes excité :

- Une longue contraction puissante, ou…
- Deux contractions moyennes, ou…
- Plusieurs contractions rapides.

Toutes trois sont efficaces, mais vous découvrirez probablement que l'une d'elles vous convient mieux. Chaque homme est un cas particulier, et vous devrez essayer ces différentes formes de contraction pour trouver celle qui interfère le moins avec votre érection tout en étant efficace.

L'exercice 8 est conçu pour les hommes seuls et le 9 pour ceux qui travaillent en couple. Ces exercices sont très importants, alors, prenez votre temps pour les exécuter.

EXERCICE 8 : LE ROI DE LA ROUTE (EN SOLO)

Nous allons débuter cet exercice de la même manière que l'« ascension du mont Everest » (exercice 6). Allongez-vous ou asseyez-vous confortablement et, en utilisant une bonne quantité de lubrifiant, commencez par une caresse génitale. Stimulez votre pénis d'une manière lente et douce en vous laissant progressivement envahir par l'excitation.

Atteignez d'abord un premier pic au niveau 4, un niveau assez bas. Mais cette fois, *continuez* à vous caresser. Au lieu d'arrêter la stimulation, vous allez freiner – c'est-à-dire exercer une ou deux bonnes contractions, ou bien trois plus rapides, sur votre muscle PC. Puis inspirez lentement et profondément durant plusieurs secondes. Ensuite, cessez de vous caresser et assurez-vous que tous vos muscles sont détendus. Maintenant, laissez votre excitation retomber au niveau 2.

Vous avez dû remarquer que, bien que vous ayez continué à vous caresser, la contraction PC a empêché votre excitation d'augmenter. Elle est même peut-être retombée d'un niveau. Mais, pour descendre encore de deux niveaux, la plupart des hommes ont besoin d'arrêter de se caresser, raison pour laquelle je vous ai demandé d'interrompre la stimulation après votre profonde respiration.

Tentons maintenant d'atteindre un niveau 6. Reprenez vos caresses et essayez d'éprouver intensément les différentes sensations qui accompagnent la montée du désir. Lorsque vous êtes au niveau 6, ne cessez pas de vous caresser, mais freinez de nouveau en exerçant deux bonnes contractions sur votre muscle PC, ou bien trois plus courtes. Respirez lentement et profondément. Puis arrêtez toute stimulation et laissez-vous retomber au niveau 4.

Continuez cet exercice quinze à vingt minutes en atteignant plusieurs pics. Si vous le pouvez, tentez les niveaux 7, 8 et 9. Pour cela, vous devez savoir deux choses :

1. *Plus vous parvenez à des niveaux élevés, plus votre respiration doit être profonde et lente.*

2. *Plus vous parvenez à des niveaux élevés, plus vous avez besoin de contracter votre muscle PC.*

Ceci est particulièrement important à un très haut niveau. Au niveau 9, par exemple, il faudra probablement que vous exerciez une ou deux contractions *vraiment longues et vraiment fortes* et que vous preniez une inspiration *vraiment lente et vraiment profonde*. À nouveau, la comparaison avec une voiture s'impose. Lorsque vous roulez très vite, vous devez appuyer à fond sur le frein pour arrêter brusquement votre véhicule. Alors, savourez le trajet et n'hésitez pas à piler le moment venu.

EXERCICE 9 : BALADE AU CLAIR DE LUNE (EN COUPLE)

Atteindre des pics d'excitation en utilisant le muscle PC est un exercice formidable à pratiquer en couple. Pour commencer, allongez-vous sur le dos et détendez-vous. En utilisant beaucoup de lubrifiant, votre compagne débute par une caresse génitale. Elle peut vous stimuler manuellement et/ou oralement – à *sa* convenance. Souvenez-vous qu'elle vous caresse pour *son* plaisir.

Lorsque vous parvenez au niveau 4, contractez votre muscle PC. Respirez lentement et profondément. Votre contraction PC devrait empêcher la montée de l'excitation, bien que votre partenaire n'ait pas interrompu la stimulation. Vous retomberez peut-être même d'un niveau. Votre respiration plus lente est le signal qui indique à votre partenaire qu'elle doit arrêter de vous caresser. Elle devrait attendre la *fin* de votre profonde respiration avant de suspendre ses caresses.

Laissez votre excitation retomber deux niveaux plus bas. Lorsque vous êtes certain d'être parvenu au niveau 2, vous êtes prêt à poursuivre l'exercice. Faites savoir à votre compagne qu'elle peut reprendre ses caresses.

Cette fois, vous visez un pic de niveau 6. Lorsque vous l'avez atteint, contractez votre muscle PC. Respirez lentement et profondément. À la fin de cette respiration, votre partenaire devrait cesser toute stimulation et vous laisser retomber au niveau 4.

Continuez cet exercice pour atteindre les niveaux 7, 8 et 9. Souvenez-vous que plus vous parvenez à des niveaux élevés, plus la contraction du PC doit être forte. C'est pour cette raison que vous avez fait des exercices de musculation. Souvenez-vous aussi que la respiration lente que vous adoptez en contractant le muscle PC doit être plus longue et plus profonde à chaque fois que vous montez d'un niveau.

Conseil : vous n'êtes pas le seul à pouvoir apprécier les sensations extrêmes. À la fin de votre séance, demandez à votre compagne si elle veut tenter l'expérience. Même si elle dit non, elle appréciera votre sollicitude.

UNE POSITION ADAPTÉE

Vous sentez-vous prêt à vivre des plaisirs plus intenses ? Et votre compagne ? Se sent-elle prête, elle aussi ? Nous n'avons pas beaucoup parlé de rapport sexuel jusqu'à maintenant, mais je pense que le moment est venu. Rien n'est plus excitant que de faire intervenir l'acte d'amour dans votre programme. Les exercices deviennent alors si excitants et si sensuels que vous aurez du mal à les considérer comme de simples exercices. Mais, croyez-le ou non, il s'agit toujours d'un entraînement, conçu spécifiquement pour vous amener encore plus près de votre but : l'orgasme multiple.

Si les caresses de votre compagne ont provoqué chez vous une érection assez forte, c'est le moment idéal pour associer l'acte d'amour à votre programme. L'exercice 10 va vous montrer de quelle manière, mais nous devons d'abord parler des positions sexuelles. Durant toutes ces années où mes collègues et moi avons perfectionné ces techniques, une position a toujours remporté nos suffrages. D'après notre expérience, elle maximise les avantages que vous pouvez tirer de ces techniques tout en minimisant vos efforts. Je ne veux pas avoir l'air d'un ingénieur mécanicien, mais, dans cette position, tous les angles sont parfaits. Le mouvement est idéal et le contact aussi. Qui plus est, elle est extrêmement agréable.

Chaque couple est différent et il est fort possible que vous découvriez qu'une ou plusieurs autres positions vous conviennent mieux que celle recommandée. C'est parfait. Je ne veux en aucun cas limiter votre imagination. Essayez toutes les positions qui vous plaisent. Amusez-vous. Vous trouverez peut-être ainsi celle qui convient le mieux. Mais d'abord, laissez-moi vous en proposer une.

La femme est confortablement allongée sur le dos. Elle désirera peut-être glisser un coussin sous ses fesses et le bas de ses reins pour se sentir plus à l'aise. Elle lève alors ses jambes en l'air, les écarte sans forcer, genoux fléchis. L'homme est agenouillé entre les jambes de la femme. Remarquez qu'il doit faire peser le plus gros de son poids sur ses *genoux*, pas sur ses bras. *Il est extrêmement important que les hanches soient le centre de gravité.* Cela minimise la tension musculaire dans son torse, ce qui lui permet de détendre complètement ses muscles pendant l'exercice. C'est dans cette position qu'il pénètre sa partenaire.

Je sais qu'au premier abord cette position peut sembler un peu compliquée. Après tout, il s'agit de faire l'amour, pas de l'acrobatie. Mais écoutez mes arguments. Vous vous rappelez combien il est important que vos muscles soient détendus au maximum pendant ces exercices. Dans certaines positions, il vous est tout bonnement impossible de les détendre et cela risque de rendre l'apprentissage de ces techniques beaucoup plus difficile. La position que je vous propose permet aussi à l'homme de respirer normalement. Or, je vous l'ai déjà dit, une bonne maîtrise de la respiration est extrêmement importante pour ces exercices. Bien que la position proposée ne soit pas la *seule* à procurer tous ces avantages, c'est, selon moi, la meilleure... Particulièrement lorsque vous découvrirez pour la première fois l'orgasme multiple. La plupart des hommes et des femmes me disent que c'est ainsi qu'ils obtiennent les meilleurs résultats. Ils s'y habituent très rapidement et elle devient généralement leur position favorite, même s'ils en ont essayé beaucoup. Alors, donnez-lui une chance. C'est une position très excitante. Croyez-moi.

Si vous n'êtes pas engagé dans une relation unique où il a été clairement établi que les deux partenaires sont séronégatifs, utilisez un préservatif.

Exercice 10 : L'entrée du dragon (en couple)

Cet exercice commence comme l'exercice 9 (« Balade au clair de lune »). Vous êtes allongé sur le dos et votre partenaire vous fait une caresse génitale « sensate focus ». Vous allez atteindre un pic au niveau 4, puis au niveau 6. À chaque fois, vous contracterez votre muscle PC pour freiner l'excitation. Vous respirerez aussi très profondément et, à ce moment précis, votre partenaire cessera de vous caresser.

Si vous avez une érection assez forte au moment où vous parvenez au niveau 6, vous êtes prêt à avoir un rapport sexuel avec votre partenaire (sinon, ne vous forcez pas. Attendez le niveau 8 ou 9). Commencez alors par intervertir les positions. Votre partenaire doit s'allonger sur le dos, lever les jambes, les écarter et fléchir confortablement les genoux.

Vous allez vous agenouiller entre ses jambes en faisant porter le plus gros de votre poids sur vos jambes et vos hanches. Maintenant, entrez en elle et adoptez un rythme doux et lent. Dans cet exercice, vous n'irez jamais trop lentement. Allez et venez en roulant ou en basculant les hanches. Ne contractez pas vos muscles.

Il s'agit toujours d'un exercice « sensate focus », donc gratuit. Pensez à vous en caressant l'intérieur du vagin avec votre pénis. Concentrez-vous sur vos sensations. Restez dans l'ici et maintenant. Ne vous préoccupez pas de votre performance sexuelle. Votre plaisir est le seul objectif. Si vous vous sentez déconcentré, refocalisez-vous doucement sur les sensations agréables que vous éprouvez.

Votre compagne devrait elle aussi être totalement attentive à ses sensations. Si elle est bien concentrée, ses niveaux d'excitation devraient normalement suivre à peu près les vôtres. Vous allez vous sentir tous les deux en parfaite osmose. Vous gravirez ces pics ensemble.

Montez au niveau 7. Pour cela, il vous faudra peut-être accélérer progressivement votre rythme. Rien de trop rapide, simplement une cadence moyenne. Une fois parvenu au niveau voulu, freinez en contractant votre muscle PC (normalement, à ce stade, vous avez dû découvrir la méthode de contraction qui vous convient le mieux). Respirez très profondément. Cessez de bouger. Prévenez votre partenaire que vous avez atteint le niveau 7 pour qu'elle aussi suspende ses mouvements. Restez en elle et attendez que votre excitation retombe deux niveaux plus bas, ce qui devrait prendre quelques secondes.

Recommencez alors vos mouvements de va-et-vient. Cette fois, vous voulez culminer au niveau 8. Essayez de conserver un rythme modéré. Vous n'êtes pas pressé – laissez le désir vous envahir lentement. Une fois au niveau 8, contractez votre muscle PC. Prenez une grande inspiration, puis cessez de bouger quelques secondes. Prévenez votre compagne que vous avez atteint le niveau 8. Elle devrait suspendre à son tour ses mouvements, si elle ne l'a pas déjà fait. Restez en elle et laissez votre désir retomber d'au moins deux niveaux.

À ce stade, vous aurez peut-être envie d'arrêter l'exercice, ou vous vous sentirez prêt à aller plus loin. Si vous voulez tous les deux essayer le niveau 9, n'hésitez pas. Souvenez-vous simplement qu'à un niveau aussi élevé vous allez devoir contracter *très* intensément votre muscle PC et prendre une inspiration *très* profonde. Si vous désirez aller jusqu'à l'orgasme, c'est parfait. Mais sentez-vous libre d'arrêter à n'importe quel moment. L'important est que vous preniez tous les deux du plaisir.

Conseil : vous pouvez apprendre tout ce dont vous avez besoin sur l'art des pics sensoriels sans pratiquer le coït. À ce stade, il importe avant tout que chaque élément du couple se sente parfaitement libre de faire ce qui lui plaît. Si vous préférez limiter vos contacts à des caresses génitales, c'est très bien aussi. Et n'oubliez pas, en cas de rapport sexuel, cela doit être une relation *gratuite*. Ne modifiez pas le sens de ces exercices.

Des pics
aux plateaux

Vous êtes maintenant en mesure de découvrir la dernière technique nécessaire pour connaître l'orgasme multiple masculin : le plateau. Un plateau, c'est tout simplement un pic prolongé. Ceux que vous avez atteints dans le chapitre précédent ne duraient qu'une à deux secondes. Imaginez que vous tenez ces pics cinq, dix secondes, voire plus, avant de retomber. À la place d'un pic rapide, vous avez alors un plateau enivrant.

Dans les exercices qui suivent, vous allez apprendre à transformer vos pics en plateaux de quelques secondes ou quelques minutes. Cela peut vous sembler très long à première vue, mais, une fois que vous aurez éprouvé les merveilleuses sensations que procure chaque plateau, vous rêverez qu'il se prolonge encore davantage.

Il y a quatre façons différentes de transformer un pic en plateau :

- Modifier votre respiration,
- Contracter votre muscle PC,
- Modifier votre rythme,
- Changer de point de concentration.

Je vais vous enseigner ces méthodes dans les prochains exercices. Toutes les quatre sont importantes pour des raisons que j'exposerai plus loin. En faisant ces exercices de plateaux, vous apprendrez à manipuler et à prolonger votre excitation en utilisant différents types de stimulation. Vous apprendrez aussi à « jouer » avec vos niveaux – à les contrôler et à en jouir de manière nouvelle et excitante. Cette forme de maîtrise va vous ouvrir la voie vers votre premier orgasme multiple.

Ces techniques sont un peu plus compliquées que toutes celles que vous avez expérimentées jusqu'à présent, mais les bénéfices que vous en tirerez valent bien cet effort. Alors, supposons que vous êtes reposé et en forme et remettons-nous au travail. Remarquez que l'exercice 11 ne nécessite pas de partenaire, contrairement à l'exercice 12.

EXERCICE 11 : LA CHEVAUCHÉE FANTASTIQUE (EN SOLO)

Allongez-vous sur le dos ou asseyez-vous sur une chaise, et détendez-vous. En utilisant beaucoup de lubrifiant, commencez par une caresse génitale. Atteignez le niveau 5. En utilisant la première technique – modifier votre respiration –, vous allez transformer ce pic en un plateau au niveau 5.

Une fois au niveau 5, concentrez-vous mentalement sur l'idée d'atteindre votre premier plateau. Soyez très attentif à votre degré d'excitation. Vous devriez y arriver facilement à ce point du programme. Êtes-vous capable de sentir la différence entre le 5 et le 5,5 ?

Avant d'atteindre le niveau 6, *respirez plus lentement*. Ne changez rien d'autre. En modifiant le rythme de votre respiration, vous devriez éprouver une baisse d'excitation. Soyez-y très attentif. Dès que vous êtes retombé au-dessous du niveau 5, changez à nouveau le rythme de votre respiration. Cette fois, vous allez *respirer plus vite* – presque haleter. Si vous respirez suffisamment vite, votre niveau d'excitation devrait remonter au niveau 5, voire plus.

En jouant simplement sur votre respiration – en alternant un rythme rapide et un plus lent –, vous devriez pouvoir tourner autour du niveau 5 (plus ou moins un demi-degré). Beaucoup d'hommes appellent cela « chevaucher le 5 ». Voyez si vous pouvez rester ainsi quelques secondes au moins.

Conseil : il ne faut pas faire durer trop longtemps ce type d'exercice respiratoire car vous risquez d'entrer en hyperventilation. Une minute, c'est déjà trop. Dix ou quinze secondes suffisent amplement. Vous pouvez obtenir des plateaux plus longs en utilisant les trois autres techniques.

Faites une pause, laissez votre niveau de désir retomber d'un ou deux degrés. Puis reprenez vos caresses. Cette fois, essayez un plateau au niveau 6 en utilisant la seconde technique : contracter le muscle PC.

Une fois au niveau 6, concentrez-vous sur l'idée d'atteindre votre plateau. Ne cessez pas de vous caresser. Laissez votre excitation monter. Mais, quand vous atteignez le niveau 6,5, il est temps d'agir. La manœuvre est simple : contractez plusieurs fois votre muscle PC. C'est tout. Ne changez rien d'autre ; travaillez uniquement avec le muscle PC.

Cette contraction devrait freiner la montée du désir et vous faire redescendre d'un demi-niveau au moins. Continuez à vous caresser avec la même intensité et laissez votre désir remonter. Chaque fois que vous dépassez le niveau 6, utilisez votre muscle PC pour retomber. Essayez de « chevaucher » ce niveau 6 au moins dix à quinze secondes. Vous avez atteint un plateau grâce à votre muscle PC.

Maintenant, tentons la troisième technique : changer de rythme. Cette fois, vous allez transformer votre pic en plateau en modifiant le rythme de votre caresse génitale. Commencez comme si vous souhaitiez atteindre un pic au niveau 7. Une fois à ce niveau, ralentissez votre rythme. Ce changement de cadence devrait faire baisser votre degré d'excitation presque immédiatement. Laissez-vous retomber au-dessous de 7. Puis accélérez pour remonter.

À chaque fois que vous voulez intensifier votre excitation, accélérez votre caresse. À chaque fois que vous voulez la faire retomber, ralentissez. C'est aussi simple que ça. Essayez de vous maintenir sur un plateau au niveau 7 pendant au moins quelques secondes. Bonne chevauchée !

La quatrième méthode pour transformer un pic en plateau est de changer de point de concentration. Dans cet exercice, cela signifie déplacer votre caresse de zone génitale (l'expression aura une signification différente dans un prochain exercice). Supposons que vous caressiez le gland de votre pénis. Pour changer de point de concentration, il vous suffit de commencer à caresser vos testicules ou votre fourreau.

Cette fois, visons le niveau 8. Caressez-vous comme si vous vouliez atteindre un pic au niveau 8, mais, lorsque vous parvenez au 8, ne vous arrêtez pas. Entre le 8 et le 8,5, vous allez déplacer votre caresse. Votre excitation devrait retomber. Au moment où elle descend au-dessous du niveau 8, recommencez à caresser la zone que vous touchiez précédemment ou intensifiez votre pression. Cela devrait suffire à vous faire remonter. Si vous montez trop haut, déplacez à nouveau votre point de concentration. Utilisez cette technique pour transformer votre pic au niveau 8 en un plateau de dix à quinze secondes.

Conseil : la clé pour maîtriser l'art du plateau est d'apprendre à se détendre tout en continuant à se stimuler. Cela vous semblera plus facile dès que vous aurez découvert que ces quatre techniques sont vraiment efficaces. Avec un peu de pratique, vous pourrez

apprendre à chevaucher des niveaux très élevés, comme le 9 ou le 9,5.

Vous pouvez aussi atteindre des plateaux avec votre partenaire. Prolonger votre excitation prolonge également le plaisir de votre compagne, ce qui fait de cet exercice un des préférés des femmes. Certains hommes trouvent plus facile d'apprendre les techniques de plateau en couple, tandis que d'autres préfèrent travailler seuls. Essayez les deux formules, si vous en avez envie, pour voir ce qui vous convient le mieux.

EXERCICE 12 : UN ÉTÉ SANS FIN (EN COUPLE)

Une fois de plus, allongez-vous et détendez-vous. Votre compagne va commencer par une caresse génitale « sensate focus ». Cet exercice est « gratuit ». Concentrez-vous tous les deux sur vos sensations... c'est tout.

Votre premier plateau va se faire au niveau 4, et vous allez y parvenir en contrôlant votre respiration. Dès que vous aurez atteint ce niveau, commencez à respirer plus lentement et plus profondément. Votre excitation devrait retomber, bien que votre partenaire continue à vous caresser. Lorsque vous êtes passé à 3,5, remettez-vous à respirer plus vite, comme si vous haletiez. Votre désir devrait remonter. Ralentissez à nouveau lorsque vous avez dépassé le niveau 4.

En alternant respiration lente et halètements, vous devriez pouvoir vous maintenir à un plateau de niveau 4 pendant dix à quinze secondes. Mais n'oubliez pas que vous courez le risque d'entrer en hyperventilation si vous modifiez votre respiration trop longtemps.

Essayez un plateau au niveau 6. Cette fois, grâce à votre muscle PC.

Votre partenaire continue sa caresse. Votre désir doit augmenter. Lorsque vous allez dépasser le niveau 6, contractez plusieurs fois votre muscle PC. Votre niveau devrait se stabiliser – il peut même retomber légèrement.

Votre compagne poursuit sa stimulation. Concentrez-vous sur vos sensations. Chaque fois que votre niveau atteint 6,5, contractez votre muscle PC. Essayez de tenir ce plateau au moins quinze secondes.

Maintenant, essayez d'atteindre un plateau au niveau 7 avec la troisième technique : changer de rythme. Mais, comme vous travaillez en couple, c'est le rythme des mouvements de votre bassin que vous allez modifier.

Tandis que votre partenaire vous stimule, répondez à ses caresses par des légers mouvements de va-et-vient ou des roulements du bassin. N'adoptez pas une cadence trop rapide ou trop brusque. Contentez-vous de mouvements doux et réguliers. Laissez le désir vous submerger.

Une fois dépassé le niveau 7, ralentissez ou suspendez vos mouvements. Votre excitation devrait retomber, bien que votre partenaire continue sa caresse. Si vous descendez au-dessous de 7, accélérez vos mouvements. Votre niveau devrait remonter à nouveau. C'est aussi simple que cela. En utilisant cette technique, essayez de chevaucher le niveau 7 au moins quinze secondes.

Maintenant, essayons la quatrième technique – changer de point de concentration – pour créer un plateau au niveau 8.

Dans le chapitre 6, vous avez appris à vous concentrer intensément sur les zones que vous ou votre compagne êtes en train de toucher. Mais il est possible aussi de vous concentrer sur une zone qui n'est *pas* touchée. Cette technique est différente de celle utilisée dans l'exercice précédent où vous déplaciez la caresse sur une autre zone génitale. Ici, vous déplacez *mentalement* votre concentration.

Supposons que votre partenaire caresse surtout le gland de votre pénis. Vous aussi, vous avez concentré toute votre attention sur cette partie de votre corps. À présent, cette zone est extrêmement sensible et vous êtes très excité. Une fois au niveau 8, essayez de vous focaliser sur une zone qu'elle ne stimule pas aussi intensément. Concentrez-vous, par exemple, sur la base de votre pénis ou sur le corps de votre compagne allongé près du vôtre. Votre excitation devrait diminuer.

Si votre niveau descend au-dessous de 8, recentrez-vous sur la zone que caresse votre partenaire. Le désir devrait s'intensifier. C'est tout. Si vous voulez que votre niveau monte, concentrez-vous sur la zone stimulée. Si vous désirez le faire baisser, concentrez-vous sur une zone moins stimulée.

Cela n'a rien à voir avec le fait de songer à un match de football ou à votre tante Irma. Vous n'essayez pas de quitter mentalement la pièce. Vous restez très lié à vos sensations et très lié à votre partenaire. Vous changez seulement de point de connexion.

En utilisant cette quatrième technique, vous devriez être capable de maintenir un plateau au niveau 8 au moins quinze secondes, sinon plus.

Conseil : vous n'êtes pas *obligé* de suivre un ordre précis et vous n'êtes pas non plus *forcé* d'atteindre un niveau donné. À mon avis, il est plus facile de travailler en augmentant progressivement les niveaux. Je pense aussi qu'il vaut mieux ne pas atteindre plus de quatre plateaux en une seule séance. Gardez-en un peu pour la prochaine fois.

NOVICE AU VOLANT

Vous avez maintenant appris quatre méthodes différentes pour créer un plateau. Certaines peuvent vous séduire plus que d'autres, ou vous réussissez mieux, mais en vérité le meilleur moyen de vivre des plateaux fabuleux de longue durée est d'utiliser ces quatre méthodes *à la fois*.

À ce stade, cela peut vous sembler infaisable puisque vous arrivez tout juste à maîtriser chacune d'elles séparément. Mais songez au moment où vous avez appris à conduire. Vous souvenez-vous de ce que vous avez ressenti la première fois que vous vous êtes mis au volant ? Vous avez regardé la pédale d'embrayage, le levier de vitesse, les freins, la clé de contact et les clignotants en vous demandant comment arriver à tout contrôler en même temps. Pourtant, vous avez réussi.

Lorsque vous avez appris à conduire, vous n'avez pas appris toutes les manœuvres à la fois. Vous avez travaillé progressivement. Vous allez faire de même avec vos exercices de plateaux. Alors, pas de précipitation. Lorsque vous vous sentirez à l'aise avec une technique, essayez d'en ajouter une seconde, et puis une troisième. Avant d'avoir le temps de vous en rendre compte, utiliser simultanément ces quatre techniques deviendra pour vous presque un automatisme.

Ne vous inquiétez pas si votre apprentissage est lent. Vous n'êtes pas *forcé* d'utiliser simultanément les quatre techniques pour atteindre de merveilleux plateaux. C'est seulement plus simple si vous êtes capable de vous servir des quatre à la fois. C'est un peu difficile à imaginer à ce stade, mais vous comprendrez avec un peu de pratique.

ENVIE DE FAIRE L'AMOUR ?

Vous aimez être avec votre compagne lorsque vous apprenez à obtenir ces plateaux. Mais, dès que vous commencerez à vous sentir à l'aise avec ces nouvelles techniques, vous aurez encore plus envie d'être *en* elle.

Faire l'amour avec une femme donne à beaucoup d'hommes ce petit supplément de motivation nécessaire pour prolonger leurs plateaux. Votre compagne va être aussi impliquée que vous dans cet exercice, elle atteindra peut-être même ses propres plateaux. Beaucoup de femmes multiorgasmiques tiennent en fait un plateau à 9,9. Leur désir est si intense pendant un laps de temps si long qu'elles atteignent le niveau 10 plusieurs fois et jouissent ainsi plusieurs fois. Vous allez apprendre une méthode différente – qui fonctionne mieux pour les hommes –, mais j'ai pensé que vous aimeriez connaître cette information sur l'orgasme multiple.

Si vous vous sentez prêt à faire l'amour sans mettre de pression sur vous-même ou votre compagne, essayez d'atteindre quelques plateaux pendant le coït. Entraînez-vous à vous maintenir à différents niveaux d'excitation durant l'amour. Les quatre techniques que vous utiliserez seront toujours les mêmes : modifier votre respiration, contracter le muscle PC, modifier votre rythme ou déplacer votre point de concentration.

Mais vous n'avez pas besoin de faire l'amour durant l'un de ces exercices pour rendre cette expérience merveilleuse et unique. Si, à ce point du programme, vous vous sentez plus à l'aise avec la caresse génitale, ne forcez pas. Vous aurez des tas d'occasions de faire l'amour plus tard, une fois que vous aurez maîtrisé ces nouvelles techniques. Votre priorité est en ce moment de vous entraîner, inlassablement.

Votre premier
orgasme multiple

Allison et Daniel, avec qui vous avez fait connaissance dans l'introduction de ce livre, font à nouveau l'amour un dimanche matin. C'est bien le même couple, mais, durant le mois qui s'est écoulé, ils ont l'impression d'avoir beaucoup changé.

Tout a commencé quand Daniel, en sortant de la douche, a été accueilli par Allison drapée dans une serviette de bain rayée bleu et blanc. Lorsqu'elle s'est serrée contre lui, en roulant la serviette autour de leurs corps, Daniel a immédiatement réagi.

À présent, ils font l'amour depuis dix minutes sur leur grand lit. Ils sont tous les deux au paroxysme du désir et Daniel sent qu'il est proche de la jouissance, mais il sait qu'Allison a besoin de cinq minutes de plus pour atteindre le plaisir. *Aucun problème.*

Ce qui était autrefois une source d'angoisse pour Daniel et de déception pour Allison a totalement disparu. À ce stade, Daniel peut avoir un orgasme puissant sans mettre un terme à leur relation sexuelle. Allison, qui sait que le plaisir de Daniel ne signifie pas la fin de leur acte d'amour, devient encore plus excitée. C'est exaltant pour elle de savoir qu'il peut jouir et continuer à faire l'amour.

Après son premier orgasme, Daniel a toujours son érection et reprend ses mouvements de va-et-vient jusqu'à ce qu'Allison atteigne elle aussi l'acmé. En fait, Allison est si excitée qu'elle jouit bien plus vite que ne l'avait prévu Daniel.

Daniel sent qu'il pourrait continuer à faire l'amour vingt minutes, mais ils ont rendez-vous avec des amis pour déjeuner et ne devraient pas tarder à se mettre en route. Il décide alors d'avoir son second orgasme, cette fois en éjaculant.

Il y a encore peu de temps, Daniel, comme vous, ne connaissait qu'un seul type d'orgasme : un orgasme simple accompagné d'une éjaculation. Plus maintenant. Désormais, il sait que :

• L'orgasme et l'éjaculation ne sont pas forcément simultanés ; ce sont deux phénomènes distincts dont les plaisirs peuvent être dissociés.

• Un orgasme sans éjaculation est aussi agréable, sinon plus, qu'un orgasme classique.

• Un orgasme sans éjaculation permet de conserver son érection et de continuer à faire l'amour.

• Il est possible d'avoir un second orgasme peu de temps après avoir eu le premier. Il est même possible d'en avoir un troisième ou un quatrième, que vous éjaculiez ou non durant votre ou vos orgasmes. Daniel a découvert cela en en faisant l'expérience. Maintenant, c'est à vous.

Vous êtes sur le point d'avoir votre premier orgasme multiple. Préparez-vous – votre vie va peut-être complètement changer. Vous en êtes arrivé à ce point parce que vous avez travaillé d'arrache-pied. Vous avez musclé votre PC, vous avez maîtrisé les plus subtiles nuances de votre corps, fait l'ascension de pics difficiles et traversé de nombreux plateaux intimidants. Vous avez peut-être même combattu un ou deux dragons en chemin. Vous avez relevé tous ces défis, et vous y avez sans doute pris plaisir.

Dans ce chapitre, vous allez découvrir les techniques qui peuvent transformer un homme aux orgasmes sans grande saveur en un héros multiorgasmique. Si vous suivez à la lettre mes directives et si vous réalisez tous les exercices, ce ne sera pas difficile. L'enthousiasme et un peu de travail sérieux sont les deux seules conditions d'admission dans ce club de héros.

Deux méthodes pour réussir

Comme vous vous en rendrez bientôt compte, le secret pour séparer l'orgasme de l'éjaculation réside dans une utilisation efficace d'un muscle PC tonique. Si vous n'êtes pas complètement sûr du pouvoir de votre PC, replongez-vous dans les premiers exercices pour acquérir la musculation nécessaire. Vous arriverez bien assez tôt aux bons moments, votre patience et vos efforts seront rapidement récompensés. Mais si votre PC a parfaitement réagi dans tous les exercices précédents, vous êtes sans doute prêt à franchir les étapes finales.

Il y a en fait plusieurs façons d'atteindre

l'orgasme multiple. Dans ce chapitre, vous allez en découvrir deux. Ce choix n'est pas arbitraire. Ces deux méthodes sont celles qui me semblent les plus fiables. Ce sont celles que mes collègues et moi préférons et utilisons le plus souvent.

La première, nous l'appelons la technique « instantanée ». Cette méthode condensée a été mise au point par mon collègue et mentor, le Dr Michael Riskin. Il l'a baptisée « instantanée » parce qu'il peut généralement l'enseigner en une seule séance (à condition que vous ayez fait tout le travail préparatoire présenté dans les chapitres précédents). Lorsque vous entrez dans son bureau, vous êtes un homme « normal », et vous en sortez multiorgasmique. Incroyable.

La seconde méthode est celle que j'utilise le plus souvent lors de mes consultations. Je suis plus conservatrice que certains de mes collègues car cette méthode est un peu plus longue à assimiler, que vous l'appreniez chez vous ou dans mon bureau. Mais les résultats sont toujours impressionnants.

À la clinique, nous aimons bien argumenter sur les inconvénients et les avantages des différentes techniques. Cela nous permet d'avoir des conversations passionnantes autour de la machine à café, mais nous savons tous que nos opinions sont strictement personnelles. En fait, chacun a sa préférence et il n'y a aucun moyen de prédire quelle sera la vôtre. Je le répète, chaque homme est différent des autres et ce qui marche le mieux pour l'un plaira moins à l'autre. Nous avons tous constaté l'efficacité de ces deux méthodes et nous savons qu'elles sont toutes les deux excellentes. Dans ce chapitre, vous aurez la possibilité de les essayer et de faire votre choix.

LORSQUE LE CONTE DE FÉES DEVIENT RÉALITÉ

La technique « instantanée » du Dr Riskin est la façon la plus rapide que je connaisse pour qu'un homme atteigne son premier orgasme multiple. Elle est aussi plus facile à apprendre que la seconde méthode. Les résultats sont étonnants lorsqu'elle marche. Mais attention : *elle ne fonctionne pas pour tout le monde*. C'est un raccourci, et les raccourcis ne sont pas toujours efficaces. La seconde méthode est beaucoup plus approfondie et beaucoup plus sûre. Elle est un peu plus longue à assimiler, mais la récompense vous attend au bout du chemin.

Si la méthode « instantanée » ne vous réussit pas, vous n'avez absolument aucune raison de vous décourager. Cela ne veut pas dire que vous avez un quelconque problème physiologique et que vous n'aurez jamais d'orgasme multiple. Cela signifie seulement que vous avez passé quelques minutes à essayer une nouvelle méthode et que cela n'a pas donné de résultats. Je vous propose d'abord la technique instantanée parce qu'elle permet de gagner du temps.

Si cette technique ne vous convient pas, ne vous découragez pas. Plongez-vous immédiatement dans la seconde série d'exercices de ce chapitre. Ils ne sont pas plus difficiles à assimiler. Les étapes sont plus détaillées, mais le processus n'est pas sorcier si vous suivez mes instructions. Oui, il vous faudra davantage de temps pour atteindre votre premier orgasme multiple, mais vous l'*aurez*. En outre, vous apprendrez ainsi les vertus de la patience et de la persévérance. Et un jour, dans bien des années, lorsque vous lirez à vos petits-enfants « Le lièvre et la tortue », vous vous souviendrez de ces moments et direz la fable avec beaucoup plus de conviction.

NE TRICHEZ PAS

Avant de commencer, j'aimerais rappeler une fois de plus que les techniques présentées dans ce chapitre nécessitent un muscle PC tonique et bien maîtrisé. Cela est spécialement vrai pour la technique instantanée. Vous aurez aussi besoin d'être confiant en votre capacité d'atteindre des pics et/ou des plateaux à un niveau très élevé de désir.

Je comprends votre envie d'en arriver aux moments de plaisir et j'apprécie votre enthousiasme. Il est difficile de ne *pas* se presser lorsque le nirvana vous attend, mais voilà un exemple de plus où précipitation et sexe ne font pas bon ménage. Alors, prenez le temps de faire un vrai examen de conscience. Demandez-vous à quel point vous avez suivi sérieusement ce programme jusqu'à maintenant. Soyez honnête avec vous-même. Si vous avez la moindre hésitation quant au sérieux de votre travail, c'est le moment de vous replonger dans les exercices précédents et de vous engager à fond.

Il n'y a qu'un seul raccourci admis dans ce livre, c'est celui que vous êtes sur le point d'apprendre. Si vous avez survolé certains des exercices précédents, vous allez être extrêmement frustré et déçu lorsque vous vous lancerez dans ceux de ce chapitre. Atteindre l'orgasme multiple est chose aisée si vous avez fait ce qu'il fallait pour cela ; si vous n'avez pas assez travaillé, vous n'y arriverez sans doute pas.

LA MÉTHODE INSTANTANÉE

Les exercices 13 et 14 ont été mis au point par le Dr Michael Riskin lors de son travail avec des centaines d'hommes au Centre de psychothérapie Riskin-Banker. Il a passé des années à perfectionner ses techniques, et je suis heureuse de pouvoir les présenter ici. Même si cette méthode ne fonctionne pas pour vous, vous éprouverez du plaisir en l'essayant. Alors, lancez-vous. L'exercice 13 s'effectue en couple, contrairement à l'exercice 14.

EXERCICE 13 : LE MOUVEMENT MAGIQUE DU DR RISKIN (EN COUPLE)

Vous êtes allongé sur le dos. Votre compagne commence par vous faire une caresse génitale avec les mains et/ou la bouche. Laissez l'excitation vous envahir. Vous débutez en visant un pic au niveau 4. Lorsque vous avez atteint ce niveau, faites-le savoir à votre partenaire. Elle doit alors arrêter la stimulation jusqu'à ce que vous soyez retombé de quelques niveaux. Utilisez votre muscle PC pour contrôler la situation. Puis demandez à votre partenaire de reprendre ses caresses. Une fois au niveau 5, faites signe à votre compagne. Elle doit à nouveau interrompre sa stimulation et vous laisser le temps de faire retomber votre désir. Utilisez votre muscle PC si nécessaire. Poursuivez les caresses et parvenez à un pic au niveau 6. Vous devriez atteindre chaque pic en trois à cinq minutes environ. Si vous voulez prendre plus de temps, allongez vos pics en plateaux en utilisant les techniques que vous avez étudiées dans le chapitre précédent.

Vous allez ensuite adopter la position que je vous ai recommandée. Vous devez vous sentir suffisamment excité à ce stade et vous avez probablement une érection au moins partielle, sinon totale. Pénétrez votre partenaire et commencez par un lent mouvement de va-et-vient. Respirez lentement, profondément. Concentrez-vous sur vos sensations et sur chacun de vos mouvements. Votre partenaire devrait elle aussi se focaliser sur vos mouvements et ses sensations.

Conseil: vous traversez cette expérience ensemble. Si votre compagne contemple les fissures du plafond, cela va à l'encontre du sens même de ces techniques. Travaillez avec votre compagne lorsque vous en avez tous les deux envie. Si vous voulez vous exercer et pas elle, volez en solo.

Atteignez un pic au niveau 7. Puis ralentissez ou arrêtez de bouger jusqu'à ce que votre désir retombe de quelques degrés. Reprenez ou accélérez alors votre va-et-vient jusqu'au niveau 8. Laissez à nouveau votre excitation descendre de quelques degrés. Culminez ensuite au niveau 9 avant de redescendre d'un ou deux niveaux. Vous pouvez souhaiter prendre un peu plus votre temps en transformant ces pics en plateaux.

Voici maintenant le moment délicat. Cette fois, vous allez continuer au même rythme, dépasser le niveau 9, et atteindre le point de non-retour. (Souvenez-vous, c'est le point psychologique où il est clair que vous allez éjaculer, quoi qu'il arrive.) *Dès que vous avez atteint ce point de non-retour, contractez votre muscle PC au maximum pendant dix secondes et, à cet instant précis, ouvrez les yeux. Respirez profondément. Puis reprenez vos mouvements de va-et-vient. Ne vous arrêtez pas !*

Conseil : la plupart des hommes ferment instinctivement les yeux lorsqu'ils approchent de l'orgasme. Pour que cette technique marche, vous *devez* ouvrir les yeux quand vous contractez le muscle PC. Ne me demandez pas pourquoi. Je sais seulement que vous ne pouvez pas y arriver autrement. Garder les yeux ouverts est le point que les hommes ont le plus tendance à oublier.

Si vous réussissez à faire toutes ces choses en même temps, votre corps va atteindre immédiatement l'orgasme. Votre cœur se mettra à battre, vous serez en sueur et vos muscles se contracteront. Vous éprouverez toutes les sensations d'un orgasme partiel, si ce n'est total. *Mais vous n'éjaculerez pas.* Votre muscle PC a freiné l'éjaculation tout en permettant à votre corps de ressentir l'orgasme.

Une fois que vous avez eu cet orgasme partiel ou total, ralentissez un peu. Détendez-vous quelques secondes – vous le méritez. Vous pouvez continuer à aller et venir, mais pas aussi vigoureusement. Adoptez une cadence calme et lente tout en respirant doucement. À cet instant, vous êtes émerveillé d'avoir éprouvé la jouissance et d'être encore en train de faire l'amour. Votre partenaire est certainement aussi émerveillée que vous. Félicitez-vous mutuellement en vous caressant. Mais ce n'est pas terminé. Votre réussite n'est que le prélude de votre plaisir.

Une fois que vous avez repris le contrôle de votre respiration, il est temps de remonter au pic. Accélérez progressivement votre rythme. Restez concentré. Laissez votre désir s'intensifier. Si vous souhaitez atteindre quelques pics ou quelques plateaux, allez-y. Mais, à ce stade, vous préférerez sans doute aller directement au plaisir suprême. (Notez qu'à ce point de votre initiation, vous essayez seulement d'avoir deux orgasmes durant un seul rapport sexuel. Dans le chapitre 11, nous parlerons plus en détail des techniques qui vous permettront de prolonger le passage d'un orgasme à un autre, d'avoir plus de deux orgasmes, etc.) Lorsque vous vous sentez à nouveau sur le point de jouir, n'essayez pas de maîtriser votre plaisir. Ne tentez pas cette fois de freiner votre éjaculation. Concentrez-vous intensément sur la montée de votre excitation et laissez-vous porter par la jouissance – en éjaculant.

Maintenant, vous pouvez vous féliciter. *Vous venez de faire l'expérience de votre premier orgasme multiple.*

L'une des raisons pour lesquelles cette méthode instantanée ne réussit pas à tout le monde est qu'elle est difficile à acquérir, comme vous avez peut-être pu vous en rendre compte. Il faut synchroniser de nombreuses choses à la fois, particulièrement à l'instant où vous devez contracter votre muscle PC, inspirer profondément, ouvrir les yeux et continuer à aller et venir. C'est plus difficile que de jouer du piano en coordonnant main droite et main gauche.

La nouvelle intéressante, c'est que votre partenaire peut être un soutien extrêmement précieux au cours de cet exercice. Si elle est en parfaite harmonie avec vous, ses mouvements peuvent renforcer les vôtres. Cela vous aidera beaucoup si elle prend une profonde respiration en même temps que vous. Ou si elle continue à bouger pour vous rappeler que vous devez en faire autant. Et si elle ouvre les yeux et se rend compte que nous n'avez pas ouvert les vôtres, elle peut vous le signaler.

UN ORGASME ET DEMI VAUT MIEUX QU'UN

Certains hommes ont deux vrais orgasmes la première fois qu'ils essaient la technique instantanée. D'autres n'y arrivent pas du tout. Mais la plupart se situent à mi-chemin entre les deux. Pour ceux-là, les premières tentatives donnent des résultats inattendus.

Si vous vous entraînez à la technique instantanée ou à la seconde méthode, plus classique, qui va vous être présentée, vous risquez d'éprouver un certain nombre de sensations insolites et/ou inhabituelles avant d'atteindre votre premier vrai orgasme multiple. Par exemple :

• Vous pouvez avoir l'impression d'avoir manqué un orgasme.

• Vous pouvez avoir un orgasme partiel, pas très intense.

• Vous pouvez avoir une éjaculation partielle sans orgasme après avoir joui une première fois.

Tout cela est parfaitement normal. Vous n'avez aucune raison de vous inquiéter. En fait, ces réactions physiologiques, apparemment anormales, sont des preuves évidentes que vous êtes sur la voie de l'orgasme multiple. Ce sont des signes *positifs*, pas négatifs. *La plupart* des hommes qui apprennent à devenir multiorgasmiques connaissent au moins l'une de ces réactions inhabituelles avant de maîtriser parfaitement ces techniques. Cela fait partie du processus d'apprentissage. Si vous ne vous y attendez pas, cela peut vous inquiéter. Mais si vous êtes prévenu, vous trouverez cela encourageant. Alors, ne tenez pas compte de vos inquiétudes et remettez-vous au travail. Votre premier orgasme multiple *total* vous attend... et il ne saurait tarder.

DES DOUTES DE DERNIÈRE MINUTE AVANT LE GRAND MOMENT

Le premier orgasme multiple est une expérience capitale. Certains hommes veulent en partager chaque instant avec leur compagne alors que d'autres sont un peu nerveux et préfèrent apprendre à maîtriser ces techniques seuls avant de célébrer en couple l'événement. Comme la plupart des exercices de ce livre, la méthode instantanée peut s'apprendre avec ou sans partenaire. C'est vraiment à vous et à votre compagne de décider si votre premier orgasme multiple sera solitaire ou partagé.

Si vous vous sentez un peu nerveux, l'exercice **14** vous apprendra à maîtriser la méthode instantanée sans votre compagne. Une fois que vous aurez eu seul quelques orgasmes multiples et que vous vous sentirez plus sûr de vous, vous pourrez revenir à l'exercice **13** avec votre partenaire.

Même si vous vivez votre premier orgasme multiple en couple, vous souhaiterez peut-être à un moment travailler seul la méthode instantanée.

Dans ce cas, l'exercice **14** est fait pour vous. Beaucoup d'hommes aiment s'exercer seuls et certains y tiennent absolument. Cela ne signifie pas qu'ils n'aiment pas leur compagne. Ils cherchent simplement à atteindre la perfection. Un patient m'a dit récemment : « M'entraîner en solo m'a beaucoup aidé à découvrir les subtilités de mes réactions. Maintenant, j'ai une maîtrise exceptionnelle de mon corps. Je pense que j'aurais eu plus de mal à y arriver si j'avais toujours travaillé en couple. » Comme toujours, vous et votre partenaire êtes libres de choisir ce qui vous convient le mieux. Il n'y a pas de bonne ou de mauvaise méthode.

EXERCICE 14 : EN MISSION VERS MARS EN SOLITAIRE

Cet exercice commence comme un exercice de pics. En utilisant beaucoup de lubrifiant, caressez votre pénis. Sentez votre degré d'excitation s'intensifier. Vous devez d'abord atteindre un pic au niveau 4 en utilisant votre muscle PC (comme dans les exercices 4 et 5). Après être retombé de quelques niveaux, augmentez votre stimulation et atteignez un pic au niveau 6. À nouveau, utilisez votre muscle PC pour le contrôler. Puis montez aux niveaux 8 et 9. Pas de précipitation. Cette ascension progressive devrait durer quinze à vingt minutes au total. (Si vous souhaitez prendre encore plus votre temps, allongez ces pics en plateaux.)

À présent, vous allez vraiment forcer cet exercice de pics. Intensifiez encore votre stimulation et culminez au niveau 9,5. Utilisez votre muscle PC pour stopper votre excitation. Vous devez parfaitement contrôler votre corps pour y arriver. Vous êtes maintenant tout près du but et la tentation de vous laisser aller et d'avoir un orgasme est grande.

Contenez-vous si vous en êtes capable. Vous êtes presque au bout de vos peines.

Votre ultime pic va se situer *au* point d'irréversibilité – ce point psychologique de non-retour où l'éjaculation est imminente. C'est le pic le plus haut que vous atteindrez jamais.

Vous devez être complètement à l'écoute de votre corps à présent. Caressez intensément votre pénis, approchant de l'éjaculation. Mais au *moment* où vous atteignez votre point d'irréversibilité – pas une seconde plus tard, juste à cet instant précis –, contractez votre muscle PC. *Continuez* à caresser votre pénis au même rythme. *Respirez très profondément.* Maintenant, *ouvrez les yeux* et gardez-les ouverts. Contractez votre muscle PC au maximum pendant environ *dix secondes.*

Si vous réussissez à faire tout cela à la fois au point d'irréversibilité, votre corps va éprouver l'orgasme. Mais si vous avez freiné grâce à votre PC suffisamment longtemps et suffisamment fort, *vous n'éjaculerez pas.*

Conseil : cela peut vous sembler ridicule, mais vous *devez* ouvrir les yeux au moment où vous contractez votre muscle PC pour que cette technique fonctionne. D'ailleurs, c'est un événement que vous ne voulez pas rater !

Prenez une autre grande respiration. Ralentissez votre stimulation et laissez retomber votre degré de désir au niveau 8 ou 7. Vous allez être très fatigué à ce moment de l'exercice et probablement en nage. Mais vous êtes proche de votre premier orgasme multiple.

Après vous être « reposé » un moment, intensifiez encore votre stimulation. Laissez votre excitation s'amplifier. Mais cette fois, n'opposez plus aucune résistance au plaisir. Vous n'allez pas contracter votre muscle PC ou ralentir votre rythme. Vous voulez simplement éprouver un orgasme total avec éjaculation. Vous venez de connaître votre premier orgasme multiple.

Je l'ai déjà dit, mais je ne le dirai jamais assez, les premières fois que vous essayez un tel exercice, vous êtes susceptible de ressentir un certain nombre de sensations inhabituelles, comme un orgasme partiel ou un orgasme « raté ». Ces réactions peuvent vous sembler anormales, mais elles *sont* très naturelles et il n'y a aucune raison de vous inquiéter. Votre corps découvre un nouveau mode de fonctionnement et ces symptômes sont des signes encourageants.

Encore une chose. Souvenez-vous que cette technique ne marche pas pour tous les hommes. Il est difficile de coordonner tant de mouvements importants au point exact d'irréversibilité. Si vous n'y arrivez pas, ne désespérez pas. Le succès n'est pas loin, avec la seconde méthode. Je le répète, cette dernière est un peu plus longue à assimiler, mais elle est aussi beaucoup plus sûre.

LES TROIS ÉTAPES VERS LA CONNAISSANCE

Lorsque j'apprends aux hommes à atteindre l'orgasme multiple, j'ai tendance à utiliser une approche plus classique que la méthode instantanée. Parce que je suis une femme, je n'aime pas préjuger de ce qu'un homme « normal » est capable de faire ou pas. Cette approche classique tient compte du large éventail de différences qui existe entre les hommes, et cela me permet d'être sûre qu'elle convient à tous. Si j'étais professeur de musique, je commencerais probablement par enseigner à mes élèves l'harmonie et le solfège. Ce n'est pas très amusant dans les premiers temps, mais c'est une base solide à partir de laquelle on peut progresser toute sa vie.

À la clinique, il faut généralement trois séances pour assimiler cette méthode plus longue, qu'on pourrait appeler « le programme en trois étapes ». Durant la première séance, deux exercices aident à prendre conscience des subtilités de l'éjaculation. La seconde séance est consacrée à des exercices qui permettent d'atteindre l'orgasme multiple, et la troisième à la synchronisation et à la pratique. Nous allons faire la même chose, mais, au lieu d'avoir ces trois séances dans mon bureau, vous serez confortablement installé chez vous. Dans ce chapitre, nous étudierons les deux premières étapes. La troisième sera expliquée dans le chapitre 11.

Que savez-vous exactement sur votre propre éjaculation ? Savez-vous, par exemple, que l'éjaculation se déroule en deux temps : émission et expulsion ? Si oui, vous méritez une bonne note en biologie. Si non, il est temps de parfaire votre éducation.

Durant la phase d'émission, le liquide spermatique commence à monter le long du canal déférent tandis que les muscles autour de la prostate se contractent par à-coups. Puis le sperme s'amasse dans le bulbe spongieux à la base du pénis. Durant la seconde phase – la phase d'expulsion –, le muscle PC se contracte, propulsant l'éjaculat dans l'urètre et hors du pénis.

Tout cela est très intéressant... mais qu'est-ce que cela signifie au juste ? Je pense que nous avons besoin d'aborder la question d'une façon un peu moins théorique. Commençons par identifier les différents personnages de la pièce. Le canal déférent est formé d'une série de canalisations qui amènent les spermatozoïdes des testicules au pénis. La prostate se trouve juste au-dessous du col de la vessie, elle sécrète elle aussi un liquide riche en sperme. L'urètre, une extension de la vessie, est ce petit canal qui court au milieu du pénis. C'est lui qui expulse l'urine et le sperme. Est-ce que cela vous semble plus clair ? Si vous voulez plus de précisions, jetez un coup d'œil au schéma de la p. 213.

Maintenant, revenons-en à nos deux phases. En résumant, voici ce qui se passe : durant la phase d'émission, le liquide spermatique, produit par les testicules et la prostate, s'accumule à la base du pénis, propulsé par les contractions des muscles qui entourent la prostate. Dans la phase d'expulsion, le muscle PC expulse l'éjaculat dans l'urètre, puis hors du pénis. Phase 1 : le canon est chargé. Phase 2 : le canon fait feu. C'est aussi simple que ça.

Le processus complet d'éjaculation – émission et expulsion – dure environ deux secondes. Pensez-y un instant. Pensez à tout ce que vous avez fait pour obtenir cette récompense de deux secondes. Pensez aux poèmes que vous avez écrits, aux fleuristes que vous faites vivre, aux histoires que vous avez inventées… La nature est vraiment extraordinaire.

Il est très important que vous compreniez bien votre processus d'éjaculation, y compris son déroulement à la fraction de seconde près, si vous voulez être maître de votre corps. La plupart des hommes sont incapables de contracter leur muscle PC durant l'expulsion. En revanche, une fois que vous maîtrisez ce muscle PC, vous pouvez retarder ou empêcher consciemment l'éjaculation. Pourtant, votre corps ressent la pleine sensation de l'orgasme, y compris l'accélération cardiaque, les contractions musculaires et l'intense impression de libération. Comprendre la différence entre émission et expulsion va vous aider à distinguer ces deux phases de l'éjaculation au moment où elles se produisent. La plupart des hommes sont très conscients de la phase d'expulsion, mais ils se rendent à peine compte de ce qui se produit avant. Cependant, si vous voulez être parfaitement synchronisé dans la dernière et la plus importante série d'exercices de ce livre, vous allez avoir besoin de comprendre votre éjaculation mieux qu'un homme ordinaire. C'est pourquoi j'enseigne toujours à mes patients l'exercice suivant :

EXERCICE 15 : PAS DE DEUX (EN COUPLE)

Allongez-vous sur le dos et demandez à votre compagne de commencer par une caresse génitale. Atteignez quelques pics à faible niveau – 4, 5 ou 6. Donnez de nombreuses indications à votre compagne pour qu'elle sache quand s'arrêter ou intensifier sa caresse. Une fois que vous avez atteint ces pics, intervertissez les positions.

Votre partenaire doit s'allonger sur le dos, jambes en l'air, légèrement fléchies. Vous allez la pénétrer et adopter un rythme lent et confortable. En prenant tout votre temps, atteignez un pic au niveau 7, puis redescendez. Culminez ensuite au niveau 8, puis redescendez. Maintenant, parvenez au niveau 9 et redescendez.

Enfin, montez jusqu'à votre point d'irréversibilité. Mais cette fois, au moment où vous atteignez le point de non-retour, vous *et* votre partenaire devez *arrêter de bouger*. Continuez à respirer profondément, ouvrez les yeux, concentrez-vous sur vos organes génitaux et essayez de *sentir* le liquide spermatique monter des testicules vers la base du pénis puis le long de l'urètre.

Avez-vous senti la montée de l'éjaculat ? Avez-vous senti le spasme du muscle PC ? Si vous vous êtes arrêté au bon moment, vous avez dû avoir l'impression que votre éjaculation de deux secondes durait cinq à dix secondes.

Lorsqu'ils font l'amour, la plupart des hommes vont et viennent jusqu'à l'orgasme. Il ne leur viendrait jamais à l'idée que s'arrêter puisse avoir un quelconque intérêt. Cet exercice devrait donc être une expérience inédite pour la majorité d'entre vous. Beaucoup d'hommes m'ont dit que cela leur donnait la sensation d'être dans un état de conscience modifié. Il est tout à fait normal de vous sentir un peu déboussolé, détaché du monde ou de votre corps.

La réaction de votre partenaire peut vous être extrêmement utile. Demandez-lui si elle a senti que votre éjaculation comptait plus de secousses que d'habitude ou qu'elle avait duré plus longtemps. Qu'a-t-elle éprouvé ? Pour la plupart des femmes, cet exercice est extrêmement excitant.

Dès que vous aurez réussi cet exercice, vous aurez une tout autre approche de votre éjaculation. Vous serez conscient du temps dont vous disposez entre le point de non-retour et la phase réelle d'expulsion. Vous devriez vous rendre compte que vous avez la possibilité de contracter votre muscle PC et de retarder l'éjaculation si vous le désirez. L'éjaculation peut *sembler* inévitable une fois que vous avez atteint le point d'irréversibilité, mais vous avez en fait tout le loisir de l'arrêter.

Comprendre votre processus d'éjaculation devrait vous donner confiance en votre capacité à contrôler votre corps, même à ces niveaux très élevés d'excitation. Avec un peu de chance, cette confiance vous permettra de ne pas céder à la panique durant la deuxième étape. Mais, avant d'en arriver là, voici un exercice qui va vous permettre de prendre conscience seul du processus de l'éjaculation.

EXERCICE 16 : LE LONG VOYAGE (EN SOLO)

Allongez-vous sur le dos et détendez-vous (ou bien asseyez-vous sur une chaise confortable). Cet exercice commence comme un exercice de pics. En utilisant beaucoup de lubrifiant, caressez votre pénis et soyez attentif à la montée de votre excitation. Atteignez un pic au niveau 4, puis laissez votre excitation descendre de deux niveaux. Ensuite, culminez au niveau 6 et laissez votre excitation retomber. Prenez votre temps. Chaque pic devrait durer au moins trois minutes. Reprenez la caresse jusqu'à un pic au niveau 8. Une fois encore, laissez votre excitation retomber de deux niveaux avant d'intensifier votre stimulation. Culminez au niveau 9. N'oubliez pas de respirer profondément en laissant votre excitation retomber une fois de plus.

Amplifiez la stimulation et laissez votre degré d'excitation monter jusqu'au point d'irréversibilité. *Maintenant, arrêtez de vous caresser.* Ouvrez les yeux et concentrez-vous intensément sur vos organes génitaux. Respirez lentement et profondément tandis que vous éjaculez. Sentez-vous le liquide spermatique s'assembler à la base du pénis ? Sentez-vous le muscle PC se contracter ? Sentez-vous le sperme monter le long du pénis ? Si vous avez cessé de vous caresser au bon moment, vous devez avoir l'impression que votre éjaculation de deux secondes dure au moins cinq à six secondes, si ce n'est plus. Comme je l'ai déjà dit dans l'exercice précédent, il est normal de se sentir déboussolé en pratiquant cette technique.

ÉTAPE 2 : LES CLÉS DU ROYAUME

Maintenant que vous avez un peu plus conscience de votre processus d'éjaculation, vous êtes prêt pour le coup de grâce. Les deux exercices suivants sont ceux avec lesquels je préfère enseigner l'orgasme multiple. Si vous trouvez la technique instantanée difficile, problématique ou pas complètement satisfaisante – comme beaucoup d'hommes –, ces exercices sont faits pour vous. J'aime ces exercices et la manière dont mes patients y réagissent. Franchement, je n'ai jamais rencontré d'homme qui ne partage pas mon enthousiasme une fois qu'il avait suivi mes directives et mes conseils.

L'exercice 17 est conçu pour un couple et le 18 pour un homme qui préfère s'exercer seul. Vous avez travaillé pour en arriver là. Aujourd'hui, un monde nouveau s'ouvre à vous. Vos fantasmes les plus fous vont devenir réalité. Il est temps d'être récompensé de vos efforts. Vous allez bientôt posséder les clés du royaume. Ai-je oublié un quelconque cliché ? Je ne crois pas. Alors, mettons-nous au travail.

Vous avez besoin d'une bonne heure pour faire cet exercice. S'il y a un exercice pendant lequel vous ne voudrez pas vous presser, croyez-moi, c'est celui-là. L'homme est allongé sur le dos et son compagne lui faut une caresse génitale « sensate focus ». Concentrez-vous sur les sensations que vous procure cette caresse tandis que monte votre niveau d'excitation. Votre compagne doit se focaliser sur ses sensations et la sensualité de la caresse.

Débutez par un pic au niveau 4, puis laissez votre excitation retomber de quelques niveaux. Prenez votre temps, jouissez tous les deux des sensations que vous éprouvez. Ensuite, atteignez un pic au niveau 5 et laissez votre désir redescendre. Poursuivez par un pic au niveau 6. Chaque pic devrait durer au moins trois à cinq minutes. Une fois que vous êtes un peu redescendu du niveau 6, vous êtes prêt à intervertir les positions.

Votre compagne s'allonge sur le dos, les jambes en l'air, légèrement fléchies. Vous êtes agenouillé en faisant peser l'essentiel de votre poids sur vos jambes. Vous allez atteindre une série de pics sensoriels en faisant l'amour avec votre compagne, *mais ces pics vont être très différents* de ceux que vous avez connus jusqu'à présent. À partir de maintenant, ils vont être extrêmement intenses et rapides, et votre cadence restera vigoureuse. Vous allez exécuter de nombreuses contractions puissantes du muscle PC, tout en étant très concentré. Les intervalles entre les pics ne seront pas très longs. C'est un exercice de vitesse très intense.

Commencez par pénétrer votre partenaire, puis allez et venez doucement en elle. Prenez de la vitesse. Maintenez un rythme aussi rapide que possible jusqu'à ce que vous atteigniez le niveau 8. *Arrêtez-vous et contractez au maximum votre muscle PC. Votre partenaire devrait elle aussi suspendre ses mouvements. Prenez une grande inspiration et ouvrez les yeux.* Laissez votre excitation retomber d'un niveau.

Conseil : cet exercice fonctionne mieux lorsque les mouvements de votre compagne correspondent aux vôtres. L'expérience devrait être aussi intense pour elle que pour vous, et il est important qu'elle se sente libre de s'exprimer. Il n'y a qu'une seule obligation : quelle que soit son envie de continuer, *elle doit s'arrêter de bouger en même temps que vous.*

Quand vous êtes redescendu d'un niveau, reprenez à une cadence moins rapide. Essayez de changer légèrement votre angle de pénétration pour que votre pénis se place plus haut dans le vagin de votre compagne. Dès que vous avez retrouvé de l'énergie, commencez à aller et venir aussi vigoureusement que possible. Une fois au niveau 8,5, *arrêtez de bouger et contractez votre muscle PC au maximum.* Votre partenaire aussi doit suspendre ses mouvements. *Prenez une grande inspiration et ouvrez les yeux*. Laissez votre excitation retomber d'un niveau.

Dès que vous avez récupéré, préparez-vous à un autre sprint. Essayez de trouver un angle de pénétration encore plus large. Adoptez une cadence aussi soutenue que possible et montez jusqu'au niveau 9. Puis *arrêtez-vous et contractez votre muscle PC au maximum*. Votre compagne aussi doit s'arrêter. *Prenez une grande inspiration et ouvrez les yeux*. Redescendez d'un niveau.

C'est maintenant que les choses vont devenir vraiment intéressantes. Élargissez encore légèrement votre « angle d'attaque ». Lorsque vous terminerez cet exercice, votre pénis pénétrera votre partenaire presque à *angle droit* ! Cette fois, montez jusqu'au niveau 9,5 avant de vous arrêter et de contracter votre muscle PC. Souvenez-vous que plus votre niveau d'excitation est élevé, plus votre contraction doit être puissante et votre respiration profonde.

Descendez d'un niveau et rassemblez vos forces. Cette fois, vous visez un *niveau 9,75* ! Pointez votre pénis encore plus haut que la dernière fois. Puis maintenez un rythme aussi rapide que possible jusqu'à ce que vous atteigniez votre pic. Arrêtez de bouger, contractez votre PC au maximum, inspirez très profondément et ouvrez les yeux. Votre partenaire doit s'arrêter en *même temps* que vous. Tout mouvement intempestif pourrait vous faire éjaculer avant que vous ne le désiriez.

Votre ultime pic va être au niveau 9,9... votre point d'irréversibilité. C'est le grand moment. Ne paniquez pas. Souvenez-vous du temps qu'il vous reste entre le point de non-retour et la phase d'expulsion. Votre pénis devrait maintenant pénétrer votre partenaire aussi haut que possible. Commencez votre sprint. Adoptez une cadence aussi rapide et vigoureuse que possible jusqu'à votre point d'irréversibilité. *Maintenant, arrêtez de bouger! Contractez au maximum votre muscle PC* – de toutes vos forces. *Prenez une énorme inspiration. Ouvrez les yeux.* Et essayez de tenir la contraction du PC au moins cinq à dix secondes.

À cet instant, votre corps devrait ressentir l'orgasme. Votre rythme cardiaque s'accélère, vos muscles se contractent, et vous êtes probablement couvert de sueur – *mais vous n'avez pas éjaculé!* Vous venez d'avoir un orgasme sans éjaculer.

Ensuite, reposez-vous un moment en adoptant une cadence moins rapide. Vos mouvements lents, « sensate focus », devraient vous aider à maintenir votre érection. Donnez à votre compagne des milliers de baisers pour la remercier de son aide. Mais ce n'est pas terminé.

Conseil : après votre premier orgasme, votre érection peut légèrement faiblir. Sur une échelle de 1 à 10, elle risque de retomber aussi bas que 5. C'est pourquoi vous devez recommencer à bouger aussi vite que possible pour repartir à l'attaque.

Une fois que vous serez tous deux prêts et dispos, il est temps de passer la ligne d'arrivée. Commencez par accélérer. Laissez votre niveau de désir monter. Mais cette fois, *n'essayez pas de le maîtriser.* Passez le niveau 8. Sans vous arrêter. Puis le niveau 9. Sans vous arrêter. Continuez jusqu'au point de non-retour. Laissez-vous porter par un orgasme formidale, total, avec éjaculation. *Félicitations! Vous venez d'avoir un orgasme multiple.* Et vous l'avez bien mérité.

J'appelle cet exercice « le grand décollage » parce qu'il me rappelle la façon dont décollent les avions à l'aéroport John-Wayne dans le comté d'Orange en Californie. Pour éviter la pollution sonore, le pilote prend un angle de décollage très large, accélère au maximum et coupe les moteurs. De même, votre angle de pénétration est aussi grand que possible, vous adoptez la cadence la plus rapide et vous utilisez votre muscle PC pour « couper les moteurs ».

Une autre image aide aussi mes clients à mémoriser cet exercice. Imaginez-vous en train de monter une colline à vélo en pédalant aussi vite que possible jusqu'à un panneau indiquant « niveau 8 ». Freinez et reprenez votre respiration. Peut-être votre vélo va-t-il légèrement redescendre la colline jusqu'au panneau « niveau 7 ». Dès que vous l'apercevez, recommencez à accélérer. Cette fois, sprintez jusqu'au panneau 8,5. Freinez à nouveau, reprenez votre respiration et reculez légèrement d'un niveau. Recommencez à sprinter jusqu'au niveau 9, puis 9,5. Votre dernier sprint doit vous mener au panneau « niveau 9,9 : défense d'aller plus loin », situé à quelques centimètres du pic de la colline. Sur l'autre versant, la route dévale à pic. Cette fois, sprintez aussi vite que possible et freinez de toutes vos forces pour ne pas dévaler de l'autre côté. Mais, bien que vous vous soyez arrêté devant le panneau en mettant pied à terre, l'intensité émotionnelle est telle que vous ressentez toutes les sensations de la chute sans être tombé.

Ces deux images – le décollage assourdi et les sprints jusqu'au pic de la colline – devraient vous aider à trouver le bon rythme et les angles de pénétration adéquats aux moments cruciaux de cet exercice. Si vous préférez une autre comparaison, n'hésitez pas à vous en servir. Je trouve en tout cas ces deux images extrêmement utiles lorsqu'on découvre ces techniques pour la première fois. Certains patients me disent que bien des années après avoir maîtrisé l'orgasme multiple, ils se sentent encore légèrement émus à chaque fois qu'ils prennent l'avion à l'aéroport John-Wayne.

TRAVAILLER SEUL

Un jour, tout le monde saura qu'on n'a pas besoin d'un partenaire pour atteindre l'orgasme multiple. Mais, aujourd'hui, nous n'en sommes pas là. Alors, écoutez-moi et faites-moi confiance. La méthode qui suit est celle que j'utilise le plus souvent pour montrer aux hommes comment atteindre seul l'orgasme multiple. Même si vous avez la possibilité de travailler avec votre compagne, vous exercer seul accélère toujours le processus d'apprentissage. Cet exercice est conçu pour vous permettre de pratiquer les différentes techniques et d'affiner votre maîtrise. La plupart des hommes me demandent au moins quelques séances privées lorsqu'ils découvrent ces méthodes. Il y a beaucoup de choses à assimiler dans un premier temps, et ces patients me disent que travailler seuls les aide à se sentir plus sûrs d'eux.

EXERCICE 18 : DEUX FOIS CHAMPION (EN SOLO)

Allongez-vous et détendez-vous, ou asseyez-vous sur une chaise confortable. Utilisez du lubrifiant et commencez par une caresse génitale « sensate focus ». Vous allez débuter par quelques pics lents et détendus à niveau moyen. Je vous recommande un ou deux pics au niveau 4, suivis par un pic à 5 et un à 6. Chaque pic devrait durer entre trois et quatre minutes.

Une fois que vous avez atteint au moins trois ou quatre pics de niveau moyen, visez le niveau 8. Mais cette fois, l'approche va être légèrement différente.

Conseil : cette technique ne marche pas si vous plongez tout de suite dans le grand bain et commencez par des pics élevés de niveau 8 ou 9. Débutez lentement en vous entraînant avec des pics aux niveaux 4, 5 et 6.

Au lieu d'exercer une pression lente « sensate focus », caressez votre pénis aussi rapidement que possible pour parvenir à un niveau 8 de désir.

Une fois à ce niveau, contractez votre muscle PC, prenez une grande inspiration – vraiment profonde – et ouvrez les yeux. Ralentissez votre rythme et laissez votre excitation retomber de quelques niveaux.

Votre prochain objectif va être le niveau 8,5. Pour y arriver, caressez-vous aussi rapidement que possible. Une fois au niveau 8,5, contractez votre muscle PC au maximum, prenez une grande inspiration et ouvrez les yeux. Ralentissez votre rythme, respirez très lentement et laissez retomber votre excitation.

Vous allez utiliser cette méthode de caresses rapides pour parvenir aux niveaux 9 et 9,5. Une fois ces deux niveaux atteints, caressez-vous aussi intensément que possible jusqu'au point d'irréversibilité : le niveau 9,9. Parvenu à ce point, contractez votre muscle PC au maximum. Ouvrez les yeux. Respirez profondément. Tenez la contraction au moins cinq bonnes secondes, sinon plus. À cet instant, votre corps devrait éprouver l'orgasme, mais si votre muscle PC est suffisamment tonique et si vous l'avez contracté au bon moment, vous ne devez pas éjaculer.

Après cette épreuve de force, vous êtes probablement essoufflé et couvert de sueur, si vous avez suivi à la lettre mes instructions. Alors, laissez-vous retomber de quelques niveaux et reprenez votre respiration. Continuez à vous caresser pour ne pas perdre votre érection. Adoptez seulement un rythme plus lent.

Prêt pour le second orgasme ? Parfait. À nouveau, caressez votre pénis aussi vite que possible. Dépassez le niveau 9, puis le 9,5 et continuez à vous stimuler. Atteignez le point d'irréversibilité et allez jusqu'à l'orgasme. N'essayez pas de vous arrêter. N'utilisez pas votre muscle PC. Abandonnez-vous simplement au plaisir de cet orgasme total avec éjaculation.

VOUS SAVEZ QUE ÇA MARCHE QUAND...

Permettez-moi de vous rappeler une dernière fois que vos premières tentatives d'orgasme multiple peuvent avoir des résultats étranges ou inattendus. Vous aurez peut-être un orgasme partiel qui n'aura rien d'extraordinaire, ou l'impression d'avoir raté un orgasme. Vous pourrez même avoir une éjaculation partielle sans plaisir après votre premier orgasme. Ne soyez ni effrayé ni découragé. Ce sont des signes très positifs. Vous êtes très clairement sur la bonne voie. Votre corps a juste besoin de s'habituer à ces bouleversements. Je le répète, la plupart des hommes connaissent au moins une de ces expériences inhabituelles avant de maîtriser ces techniques. Alors, détendez-vous et savourez pleinement vos expériences.

De la nécessité
de la pratique

Assimiler les techniques de ce manuel ressemble à n'importe quelle autre forme d'apprentissage. Certains hommes sont nés sous une bonne étoile. Ils deviendront multiorgasmiques rapidement et facilement, et conserveront cette faculté qu'ils perfectionneront peut-être le reste de leur vie. Et les autres ? Selon mon expérience, la plupart des hommes apprennent à maîtriser l'art de l'orgasme multiple de manière plus classique par la méthode « deux pas en avant, un pas en arrière ». Pour eux, il n'y a qu'une seule solution pour parvenir à la réussite : *la pratique.*

Vous détestez bien sûr ces professeurs qui vous sermonnent sur l'importance d'un travail régulier. En tout cas, moi, je déteste ça. C'est pour cela que j'ai arrêté quatre fois de prendre des leçons de violon. Mais… hélas… parfois il n'y a pas d'autre possibilité que de s'atteler à la tâche.

Vous êtes en train d'apprendre à utiliser votre corps d'une manière étonnante. N'espérez pas atteindre la perfection du premier coup et à chaque fois. Avec un peu de pratique cependant, vous pourrez facilement maîtriser et affiner ces techniques qui vous procureront des années et des années de plaisirs. L'important est de vous rappeler que si vous appliquez ces techniques, vous obtiendrez forcément des résultats. De plus, il y a des façons plus désagréables de passer vos samedis soir.

Une méthode simple pour vous perfectionner est de pratiquer les exercices du chapitre 10. Il est aussi très utile de se replonger dans ceux des premiers chapitres qui permettent de travailler la maîtrise et la technique. Entraînez-vous à atteindre des pics (exercices 6 et 7), en utilisant le muscle PC (exercices 8, 9 et 10) et à atteindre des plateaux (exercices 11 et 12). Ces exercices sont particulièrement recommandés si vous avez du mal à contrôler vos pics très élevés. Bien sûr, vous devriez *toujours* entraîner votre muscle PC pour qu'il soit dur comme fer.

Je voudrais encore vous présenter un exercice conçu pour affiner votre synchronisation et votre maîtrise. C'est vraiment un exercice excitant, et, même si vous ne l'essayez pas, vous devriez y jeter un coup d'œil. Cela vous donnera peut-être une idée ou deux pour l'avenir.

EXERCICE 19 : LA DIVISION DE L'ATOME (EN COUPLE)

Comme d'habitude, vous êtes allongé sur le dos et votre compagne commence par une caresse génitale. Débutez par des pics ou des plateaux d'un niveau moyen, faciles à atteindre, disons 4, 5 ou 6. Prenez votre temps – au moins quatre ou cinq minutes à chaque niveau. Concentrez-vous sur les sensations de la caresse.

Lorsque vous vous sentez suffisamment excité, intervertissez les positions. Votre compagne s'allonge sur le dos, les jambes levées, les genoux légèrement fléchis. Lorsque vous pénétrez votre partenaire, assurez-vous que vos jambes, et non vos bras, supportent l'essentiel de votre poids. Commencez à aller et venir doucement en elle.

Essayez de parvenir à un pic au niveau 8. Lorsque vous l'atteignez, ralentissez un peu et contractez le muscle PC – une contraction moyenne, pas maximale. Votre compagne devrait ralentir elle aussi son rythme pour être en osmose avec vous. Laissez votre degré d'excitation redescendre d'un niveau. Puis reprenez de la vitesse et culminez au niveau 8,5. Ralentissez à nouveau et effectuez une contraction moyenne du muscle PC. Une fois de plus, votre compagne devrait suivre votre rythme. Laissez votre degré d'excitation retomber. Reprenez de la vitesse et culminez au niveau 9. Ralentissez. Contractez votre muscle PC et laissez encore votre désir redescendre. Chacun de ces pics devrait durer au moins trois à quatre minutes.

À partir de maintenant, l'exercice diffère légèrement des précédents. Vous allez atteindre le point d'irréversibilité en faisant une série de pics rapides (quarante-cinq secondes ou moins) à des niveaux de plus en plus élevés. Dites-vous que vous essayez de culminer aux niveaux 9,1, 9,2, 9,3 et ainsi de suite jusqu'au niveau 9,9.

Cela peut sembler un peu ridicule de couper ainsi

les cheveux en quatre, mais ce n'est pas si compliqué. Par exemple, ce qui sépare les niveaux 9,4 et 9,5, ce n'est probablement que quelques mouvements de va-et-vient – peut-être même un seul. Vous allez donc en faire juste quelques-uns à chaque fois que vous voudrez atteindre un pic plus élevé, et utiliser votre muscle PC pour retomber légèrement après chaque pic.

Votre pic ultime devrait avoir lieu au point d'irréversibilité – le niveau 9,9. Grâce à cette approche graduelle, il vous sera sans doute beaucoup plus facile de contracter le muscle PC au bon moment, et de mener votre corps à l'orgasme sans éjaculation.

Après avoir éprouvé le plaisir, reposez-vous un peu en adoptant un rythme très lent et en respirant de manière régulière. Êtes-vous prêt à aller plus loin ? Si vous avez conservé votre érection et que votre degré d'excitation est plutôt élevé, reprenez de la vitesse et montez jusqu'au point d'irréversibilité pour atteindre l'orgasme, cette fois avec éjaculation.

Cet exercice est une expérience très inhabituelle pour les deux partenaires parce qu'il ressemble presque à un plateau de très haut niveau, quand vous contractez plusieurs fois votre muscle PC à quelques secondes d'intervalle. Vous pouvez avoir l'impression d'éprouver des petits spasmes ou des mini-orgasmes avant d'atteindre votre premier orgasme.

Si vous avez raté un de vos pics à ce niveau très élevé et que vous avez une éjaculation partielle ou même totale avec votre premier orgasme, aucune importance. C'est une technique de plaisir, pas une méthode contraceptive, et on ne décerne pas de diplômes. Essayez d'avoir un autre pic et un autre orgasme, mais si vous n'arrivez pas à continuer, ne forcez pas. La prochaine fois que vous ferez cet exercice, adoptez un rythme plus mesuré.

Comme la plupart des techniques que vous avez désormais apprises, cet exercice peut être pratiqué seul. En fait, c'est un exercice particulièrement bien adapté au travail en solitaire parce qu'il est plus facile de contrôler l'intensité de la stimulation avec la caresse manuelle. Puisque nous travaillons sur des modulations extrêmement subtiles du désir, toute maîtrise supplémentaire fait la différence.

EXERCICE 20 : LE DOUBLE (EN SOLO)

Allongez-vous et détendez-vous, ou installez-vous sur une chaise confortable. En utilisant beaucoup de lubrifiant, commencez par une caresse génitale « sensate focus » en stimulant lentement votre pénis de la manière qui vous est la plus agréable. Durant la première partie de cet exercice, j'aimerais que vous atteigniez quelques pics de niveau moyen (par exemple, niveaux 4, 5 et 6) en utilisant votre muscle PC pour contrôler votre excitation à chaque pic. Essayez d'effectuer une contraction moyenne, pas maximale. N'oubliez pas de respirer profondément pour vous aider à faire redescendre votre niveau d'excitation. Prenez votre temps. Chaque pic devrait durer au moins trois ou quatre minutes.

Atteignez ensuite un pic plus élevé, au niveau 8. À présent, vous caressez probablement votre pénis avec plus d'intensité. C'est parfait, tant que vous n'essayez pas d'accélérer le processus. Continuez à utiliser le muscle PC pour contrôler votre excitation (une contraction ferme, mais pas maximale), et respirez profondément au moment de la contraction. La phase suivante de cet exercice commence au niveau 9. Essayez d'atteindre une série de mini-pics aux niveaux 9, 9,1, 9,2, 9,3 et ainsi de suite jusqu'au niveau 9,9.

Cela peut sembler compliqué, mais ce n'est pas difficile quand vous avez compris que deux ou trois caresses supplémentaires suffisent à vous faire passer d'un de ces mini-pics à l'autre. Alors, supposons que vous avez utilisé votre muscle PC pour culminer au niveau 9. Continuez à vous caresser et deux ou trois mouvements de la main devraient vous permettre d'atteindre le niveau 9,1. Effectuez alors une contraction moyenne du muscle PC, respirez profondément et laissez votre désir retomber très légèrement (pas même d'un niveau entier). Reprenez la stimulation. Cette fois, caressez-vous deux ou trois fois au-delà du niveau 9,1 – vous parvenez au niveau 9,2. Contractez votre muscle PC et respirez profondément en laissant votre excitation retomber. Essayez de continuer de cette manière en augmentant légèrement le niveau à chaque fois, jusqu'au niveau 9,9.

Une fois arrivé au niveau 9,9, il devrait vous sembler relativement facile de contracter votre muscle PC au bon moment, permettant ainsi à votre corps de ressentir l'orgasme sans éjaculer. Comme je l'ai déjà souligné dans l'exercice précédent, ne vous inquiétez pas si vous avez raté un ou deux de ces mini-pics ou si vous avez une éjaculation partielle ou totale. Adoptez un rythme plus modéré la prochaine fois (par exemple en limitant ou en ralentissant vos mouvements).

Après votre premier orgasme, détendez-vous une minute ou deux en adoptant un rythme plus lent et plus souple. Si vous êtes d'attaque pour continuer (cet exercice est plutôt fatigant et vous en avez peut-être assez), augmentez la cadence et caressez-vous jusqu'à ce que vous ayez un second orgasme. Cette fois, n'essayez pas de retenir votre éjaculation.

QUE FAIRE ENSUITE ?

Comment vous sentez-vous ? L'expérience du premier orgasme multiple peut bouleverser une vie. C'est désorientant de se rendre compte de l'effet que ce processus peut avoir sur votre psychisme, de vos peurs les plus enfouies à vos fantasmes les plus inavoués. L'un des moments les plus gratifiants de mon travail de thérapeute, c'est cet instant où l'un de mes patients « comprend le truc » pour la première fois. Bien sûr, je ne peux pas être à côté de chacun d'entre vous. Mais croyez-moi, je suis de tout cœur avec vous et je suis vraiment fière du travail que vous avez accompli.

Une fois que vous avez appris à maîtriser le processus, vous aurez facilement des orgasmes multiples.

Au début, vous vous conformerez studieusement au style et aux étapes de ces exercices. Mais bientôt, vous aurez une telle confiance en votre contrôle éjaculatoire que vous serez prêt à élargir vos horizons. Pour un homme imaginatif et sa compagne, c'est un monde extraordinaire qui s'ouvre. Considérez les exercices de ce livre comme « un programme de mise en condition ». J'y ai mis tout ce dont vous avez besoin pour avancer et avoir des heures de plaisir, mais ce n'est qu'un début. Bientôt, vous allez désirer affiner vos expériences.

Je suis sûre qu'à ce stade vous avez remarqué que, dans chacun des exercices de ce livre, je vous encourage à avoir votre second orgasme quelques minutes après le premier. Si je suggère que vous alliez si vite, c'est pour que vous ne soyez pas débordé par l'apprentissage de ces techniques. C'est déjà assez difficile d'avoir un premier orgasme sans éjaculation. Au début, l'important est de savoir que vous êtes *capable* d'en avoir un second. Le temps qu'il vous faut pour atteindre cet orgasme passe au second plan.

Mais maintenant, vous savez que vous pouvez avoir deux orgasmes à la suite sans perdre votre érection. Maintenant, vous êtes un convaincu. Vous ne souhaitez peut-être plus que votre second orgasme soit si rapide. Non... vous voulez attendre un peu... et attendre... et attendre. Après tout, n'est-ce pas pour ça que vous avez travaillé ?

Il est temps d'élargir votre répertoire. La plupart des entraînements sportifs débutent par des exercices d'étirement mais c'est par eux que nous allons terminer le nôtre. Commencez par étirer l'intervalle entre votre premier et votre second orgasme. Combien de temps pouvez-vous tenir ? Combien de temps *voulez*-vous tenir ? Peut-être désirez-vous ne pas éjaculer la deuxième fois pour avoir un troisième orgasme… Ou même un quatrième ! Pourquoi pas ? Vous l'avez bien mérité. Désormais, voici votre nouveau credo : « Étirer, étirer, étirer. » Lancez-vous dans des expériences. Soyez imaginatif et ambitieux. Maintenant que vous connaissez le processus, vous contrôlez la situation. Et vous pourrez toujours vous raccrocher à votre programme, testé et approuvé, si vous vous perdez en chemin. Travaillez votre « timing ». Travaillez vos techniques, votre rythme et vos positions. Mais, avant d'entreprendre quoi que ce soit, parlez-en avec votre compagne. Que désire-t-elle à présent ? Quels sont ses fantasmes ? Ses besoins ? Laissez-vous guider par ses réponses.

L'orgasme multiple masculin est magique. Magique pour vous, magique pour votre compagne et magique pour votre couple. Les plus gros efforts sont à présent derrière vous et l'avenir rayonne de possibilités. Quels que soient les chemins que vous décidez d'emprunter, souvenez-vous que l'important est que vous en tiriez tous les deux *le plus de plaisir possible.*

Que de succès !

Que de succès !

J'aimerais terminer ce livre en vous présentant quatre hommes multiorgasmiques. Ces hommes ont tous appris récemment les techniques que vous pratiquez désormais vous aussi. Chacun d'eux a une histoire qui vaut la peine d'être racontée. Leurs motivations, leur approche de la sexualité et leur physiologie étaient différentes, mais tous avaient le même objectif : l'orgasme multiple. Maintenant qu'ils l'ont atteint, ils sont prêts à partager leurs expériences avec vous. Certains ont même des conseils à vous donner.

STEPHEN

L'intérêt de Stephen pour l'orgasme multiple était une conséquence logique de sa sensualité, comme chez beaucoup d'hommes qui veulent apprendre ces techniques. La première fois que nous nous sommes rencontrés, il s'est décrit en ces termes :

« Je crois que la vie est une source infinie de plaisirs, en toutes circonstances. Quoi que je fasse – du ski, du vélo, de la peinture, même au travail –, j'essaie de trouver la zone de plaisir et de me rapprocher de cette zone. Pour moi, c'est le sens de la vie. Bien sûr, j'ai tenté de faire la même chose avec la sexualité. Je cherche toujours à découvrir de nouvelles techniques, à élargir "la zone". Ne vous méprenez pas – je ne suis pas un obsédé. J'ai simplement une grande motivation personnelle, alliée à une curiosité inépuisable et à la volonté de découvrir de nouveaux horizons. C'est pourquoi j'étais attiré par l'idée de l'orgasme multiple masculin. Cela semblait s'inscrire naturellement dans ma façon de vivre. Je me souviendrai toujours de ma réaction la première fois que j'en ai entendu parler. J'écoutais à la radio un sexologue parler des premières découvertes de Kinsey. C'était plutôt ennuyeux, jusqu'à ce qu'on en arrive aux hommes multiorgasmiques. Soudain, j'ai souri et j'ai dit à mon amie : "Ça a l'air vraiment fait pour moi." »

L'objectif de Stephen, lorsqu'il a commencé à travailler à la clinique, était d'apprendre à faire l'amour aussi longtemps que possible à des niveaux très élevés. Il m'a expliqué qu'il ne voulait « pas seulement d'un orgasme multiple traditionnel ». Il désirait une expérience d'une intensité suprême. J'ai failli éclater de rire car je crois que presque toutes les expériences d'orgasmes multiples sont extrêmement intenses.

Voici comment Stephen résume son processus d'apprentissage :

« Après avoir maîtrisé les premiers exercices, il ne m'a pas fallu longtemps pour comprendre comment conserver mon érection et mon désir après le premier orgasme. Au début, je ne pouvais pas m'empêcher d'éjaculer. Cela ne m'a pas surpris. Après tout, j'avais toujours éjaculé pendant l'orgasme et mon corps réagissait de manière automatique... Je n'espérais pas acquérir un contrôle total du jour au lendemain. Mais, même si j'éjaculais, je continuais à aller et venir aussi longtemps que je le pouvais. Dina, ma compagne, a été formidable à ce moment-là. Elle ne m'a jamais jugé, jamais critiqué, et, plus important encore, elle n'a jamais essayé de m'arrêter. Elle me laissait faire absolument tout ce que je voulais. J'étais décidé à réussir coûte que coûte, mais son attitude généreuse m'a vraiment aidé.

« Très vite, j'ai été capable d'avoir un second orgasme deux ou trois minutes après le premier. Et ce n'est qu'un début. Une fois que j'ai su maintenir mon érection et continuer à faire l'amour, j'ai commencé à explorer la "zone de plaisir". Cinq minutes, dix, quinze, vingt... À présent, je peux éjaculer durant mon premier orgasme sans perdre mon érection et avoir une seconde éjaculation partielle durant le deuxième, ce qui pour moi est incroyable.

« La clé de la réussite réside dans le fait de me concentrer complètement sur la sensation de va-et-vient dans le corps de ma partenaire. Les exercices de "sensate focus" m'ont beaucoup aidé. Lorsque Dina est lubrifiée par ma première éjaculation, l'expérience est encore plus intense. »

Lorsqu'il était adolescent, Alex était capable d'avoir très souvent des orgasmes multiples. Il était sûr de lui et adorait faire l'amour. Cependant, en vieillissant, il a perdu cette faculté et beaucoup de son assurance sexuelle.

Alex s'est présenté à mon cabinet avec sa femme Paula. Ils étaient mariés depuis six ans. Tout en m'assurant que de nombreux aspects de leur vie sexuelle étaient très satisfaisants, ils reconnaissaient que certains points avaient besoin d'être améliorés. Durant cette première visite, Alex a exprimé le désir d'affiner et de contrôler sa sexualité et de retrouver la magie de ses années d'adolescence. Paula était surtout préoccupée par le manque de confiance d'Alex, mais elle était aussi intriguée par l'idée de l'orgasme multiple masculin et n'avait aucun mal à imaginer les bénéfices que pourrait en tirer son couple.

Alex a commencé à reconquérir la faculté qu'il avait perdue en remusclant son PC. Ensuite, il a fait des exercices de pics et de plateaux avec Paula pendant le coït. Voici comment Alex évoque les premières séances avec sa femme :

« En faisant l'amour avec Paula, je contractais mon muscle PC à chaque pic, jusqu'au moment où j'atteignais mon point d'irréversibilité. J'avais alors ce que j'appelle un "orgasme à 60 pour cent" accompagné d'une éjaculation partielle. J'étais capable de conserver mon érection et de continuer à faire l'amour, ce qui était formidable. Mais franchement, les *sensations* n'étaient pas très agréables. C'était plutôt étrange, et à ce stade j'étais assez sceptique. »

En discutant avec Paula et Alex de ces premières séances, je me suis rendu compte qu'elles n'étaient pas complètement réussies. J'ai senti qu'Alex avait besoin de revenir un peu en arrière et de ralentir le processus. Au lieu de le pousser à pratiquer les techniques qu'il utilisait déjà, je l'ai encouragé à faire plus d'exercices de conscience de l'excitation.

Je pensais que ce couple aurait intérêt à approfondir les caresses « sensate focus ». Et j'avais l'impression qu'Alex devait se concentrer sur l'art d'atteindre et de prolonger des plateaux à des niveaux progressivement plus élevés. Je lui ai conseillé de s'exercer d'abord seul à atteindre des plateaux pour se sentir plus libre. Ce fut extrêmement utile, comme le confirme Alex lui-même :

« J'ai commencé par m'exercer seul, en faisant des plateaux aux niveaux 8, 8,5, 9, 9,5. Au point d'irréversibilité, je me concentrais intensément sur mon sexe et la sensation de la caresse. À ce stade, j'avais la sensation d'un orgasme extrêmement prolongé – peut-être dix à douze secondes –, comparé à mes habituelles deux ou trois secondes. J'étais en nage, comme les héros dans les films, et mon cœur battait à tout rompre. C'était une expérience complètement nouvelle pour moi et très intense. Je me souviens qu'à l'époque je me disais : "Tu es peut-être sur la bonne voie."

« Puis j'ai essayé à nouveau de pratiquer la contraction en faisant l'amour avec Paula. Les trois premières fois, j'ai eu seulement un "orgasme à 50 pour cent", mais, contrairement aux expériences antérieures, je n'éjaculais plus. Mon corps était clairement en train de changer, et je me sentais vraiment encouragé. »

À ce point du processus, j'ai décidé qu'il était temps de faire découvrir à Alex et Paula mon exercice favori : « le grand décollage ». Alex se souvient :

« La découverte de ce nouvel exercice a été le tournant décisif. *La toute première fois* que Paula et moi l'avons essayé, j'ai eu deux "orgasmes à 100 pour cent" à moins de sept minutes d'intervalle. Et Paula a eu elle aussi un orgasme extraordinaire. Un vrai succès !

« Au début, il m'était plus facile d'avoir un second orgasme sans pénétrer Paula. Une fois qu'elle avait éprouvé du plaisir, nous arrêtions le coït et elle me masturbait jusqu'à ce que je jouisse. Nous avons fonctionné comme cela un moment, puis j'ai pu me sentir bien en elle jusqu'à mon second orgasme. Bien sûr, c'était beaucoup plus agréable pour elle *et* pour moi.

« Je ne saurais trop insister sur ce que m'a apporté le fait de devenir multiorgasmique. En moins de deux mois, je suis passé d'un extrême scepticisme sur la question à la faculté d'avoir deux "orgasmes à 100 pour cent" – l'un sans éjaculation, l'autre avec –, à chaque fois que je le désirais. Devenir multiorgasmique m'a redonné confiance en ma sexualité et une assurance qu'il m'est difficile d'exprimer avec des mots. Paula me taquine tout le temps sur le sujet. Elle dit que j'ai changé – maintenant, elle a envie de faire l'amour beaucoup plus souvent avec moi. »

CHARLES

Charles participe chaque année à de nombreux marathons et biathlons. Étant un sportif sérieux, il était prêt à travailler les techniques d'orgasme multiple à la manière d'un athlète. Charles connaissait suffisamment bien son corps pour savoir que, s'il était patient, il pourrait devenir multiorgasmique sans problème. Voici ce qu'il a à dire :

« J'aime le sexe. Ma femme et moi avons beaucoup de plaisir à faire l'amour, et je prends la sexualité très au sérieux. J'ai été au bout de mes limites physiques au cours de toutes sortes d'entraînements d'athlétisme, et cela a toujours porté ses fruits. Intuitivement, je savais qu'il en serait de même pour l'orgasme multiple. Si on s'entraîne régulièrement, on obtient des résultats.

« Ma stratégie a été de commencer par des exercices en solo pour apprendre la technique, puis de l'appliquer quand je faisais l'amour avec ma femme. Ces séances en couple étaient strictement pour le plaisir. Je faisais le travail d'entraînement tout seul. »

Charles avait hâte d'arriver aux résultats, pourtant il a travaillé lentement et méthodiquement – en athlète qui prend son travail au sérieux. Il s'en explique ainsi :

« J'ai beaucoup travaillé mon muscle PC, mais

sans jamais forcer ; je savais que c'était seulement une question de temps pour que les choses s'enclenchent. Les gens forcent trop alors qu'ils ne connaissent pas leur corps. Mais les athlètes sérieux savent que cela paie de prendre son temps. Pourquoi devrait-il en être autrement pour ces exercices ? »

La patience et le travail sérieux de Charles ont-ils porté leurs fruits ? Je le laisse répondre lui-même :

« Cela fait presque un an maintenant que j'ai commencé à apprendre ces techniques et les résultats sont extraordinaires. Comparé aux autres programmes d'exercices que j'ai pratiqués, celui-ci était facile. Je n'ai pas eu à apprendre la technique des "sprints". J'ai seulement dû m'entraîner à atteindre des pics, des plateaux et à contrôler mon muscle PC, tout le reste est venu naturellement. Je ne peux pas vous expliquer pourquoi je n'ai pas eu besoin des derniers exercices. Mon corps a simplement trouvé sa méthode personnelle. »

Il y a différentes manières d'atteindre le pic de la montagne et Charles a, de manière évidente, trouvé la sienne. L'objectif est de parvenir à l'orgasme multiple et, de mon point de vue, qu'importe la méthode, pourvu qu'on obtienne des résultats. Il n'est guère surprenant que la méthode de Charles continue de marcher :

« Quand un marathon est fini, c'est bien fini, mais quand on est multiorgasmique, il n'y a jamais de fin. Je progresse encore, bien que je ne fasse plus aucun effort. J'ai eu jusqu'à cinq orgasmes un jour en faisant l'amour avec ma femme. Vous savez ce qui est le plus étrange ? C'est comme si j'avais soudain découvert que mon corps était naturellement multiorgasmique. Je ne m'en étais jamais rendu compte parce que je ne savais pas que cela existait. Maintenant, j'ai le sentiment que c'est ma vraie nature et que ça l'a toujours été.

« Ma femme dit que, me connaissant et connaissant ma détermination, elle n'est pas surprise de mon succès, et bien sûr, elle en est ravie. Elle pense que tout s'est déroulé avec facilité parce que je suis extrêmement motivé, mais ce n'est qu'une partie de l'explication. Je me demande combien d'hommes sont comme moi et possèdent ce don "naturel" qui attend seulement d'être révélé. »

FREDERICK

En dernier lieu, j'aimerais vous présenter Frederick, ingénieur des ponts et chaussées. Il m'a expliqué que son désir d'apprendre l'orgasme multiple était motivé par sa « fascination d'ingénieur pour les mécanismes du corps ». Les hommes comme Frederick ont une approche tellement méthodique et scientifique que, d'entrée de jeu, leur succès semble assuré.

Afin d'entraîner son corps à réagir de la manière dont il le désirait, Frederick a inventé son propre style pour « chevaucher le 9 ». Il a appris à se maintenir à un plateau de niveau 9 pendant dix bonnes minutes en mêlant technique respiratoire, contraction du PC et variations du rythme des caresses.

Vous avez appris à atteindre des plateaux de ce type dans le chapitre 7, mais vous n'imaginiez certainement pas qu'on pouvait prolonger des plateaux si élevés jusqu'à l'orgasme. Eh bien, Frederick a réussi à le faire. Et il était tellement content du résultat qu'il s'en est tenu à cette technique et a créé son propre style d'orgasme.

Chevaucher une vague comme celle-ci à très haut niveau nécessite une technique différente de celles que vous avez apprises au chapitre 10. Au lieu de vous mener au bord de l'orgasme, vous tombez presque naturellement dans la jouissance après avoir prolongé des plateaux à très haut niveau. Ce type d'approche, que j'ai déjà brièvement mentionné, est celui qui ressemble le plus aux orgasmes multiples féminins.

Il n'est guère surprenant que Frederick ait beaucoup de commentaires à faire à ce propos :

« J'ai fait le plus gros de mon entraînement en solo. J'étais capable d'atteindre seul l'orgasme multiple avant d'essayer avec ma compagne. Pour être franc, j'ai toujours pensé que la masturbation était essentielle pour bien comprendre les réactions de son corps. Je sais que certaines personnes trouvent cela un peu gênant mais moi, je crois que cela les empêche de progresser dans le plaisir.

« Si vous êtes comme moi, quelqu'un de plutôt obsédé par l'idée de maîtriser une technique de ce genre, je ne pense pas qu'il soit judicieux de demander à votre compagne de participer à chaque fois que vous voulez vous entraîner. De temps en temps, oui. Mais pas à chaque fois. Pourtant, la pratique est décisive – en tout cas pour moi. Je n'aurais jamais pu acquérir la maîtrise que j'ai aujourd'hui sans passer beaucoup de temps à travailler seul. »

Frederick a appris à avoir jusqu'à *quatre* orgasmes avant d'éjaculer. Ses derniers mots sur la question devraient encourager tous les hommes :

« Impossible d'échouer ! Si vous vous entraînez, vous ne pouvez que réussir, c'est aussi simple que ça ! Chaque exercice vous rapproche un peu plus du but. Quoi que vous éprouviez, chaque exercice vous apprend quelque chose. Parfois, vous le réussissez, parfois non, et quelquefois vous ne savez pas si vous l'avez raté ou non. Cela peut sembler un peu étrange, mais votre corps n'arrête pas de changer ; il s'adapte et évolue constamment. Le plus important est de toujours garder une attitude positive, de s'accrocher. Et de continuer à faire travailler le muscle PC ! Un muscle PC tonique est la condition *sine qua non* du succès ! »

VOTRE HISTOIRE

Voilà, vous avez tout lu. Quatre hommes très différents, quatre expériences très différentes, pourtant chacune d'elles est l'histoire d'une réussite.

Et vous ? Quelle est votre histoire ? Je veux tout savoir. Qu'est-ce qui vous a décidé à découvrir l'orgasme multiple ? Comment s'est passé votre apprentissage ? Était-ce facile ? Était-ce un vrai défi ? Après avoir fait tous ces exercices, qu'avez-vous ressenti en devenant un homme multiorgasmique ? Comment votre corps a-t-il changé ? Si vous êtes impliqué dans une relation, quelles ont été les conséquences pour votre couple ? Comment votre compagne a-t-elle réagi ? Quels conseils donneriez-vous aux hommes qui ont envie d'apprendre ces techniques ? J'aimerais bien entendre vos commentaires. Écrivez-moi aux bons soins de l'éditeur.

LES ORGANES SEXUELS DE L'HOMME

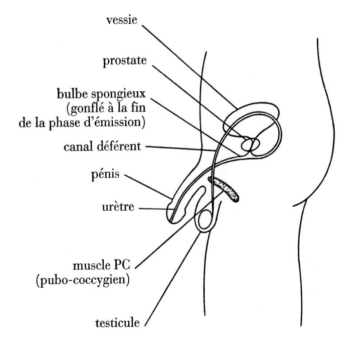

vessie

prostate

bulbe spongieux
(gonflé à la fin
de la phase d'émission)

canal déférent

pénis

urètre

muscle PC
(pubo-coccygien)

testicule

Anatomie de l'appareil génital masculin – liée au processus d'éjaculation. Nous avons omis de mentionner plusieurs organes importants afin de simplifier ce schéma.

Dr Barbara Keesling, docteur en sexologie, exerce au Centre de Psychothérapie Riskin-Banker en Californie du Sud. Elle donne actuellement des cours de sexologie et de psychopathologie à l'université de Pepperdine en Californie du sud après avoir enseigné à l'Université de Californie-Riverside, de l'état de Californie-San Bernardino et de l'état de Californie-Fullerton. Elle est aussi l'auteur de *Sexual Healing* (Guérison sexuelle), et *Sexual Pleasure* (Plaisir sexuel). Barbara Keesling et son mari vivent sur la côte ouest des États-Unis.

Dr Ronald Virag, ancien interne des hôpitaux de Paris et ancien chef de clinique de chirurgie cardio-vasculaire, est actuellement consultant et chargé de cours à Harvard Medical School. Directeur du Centre d'explorations et de traitements de l'impuissance, il est aujourd'hui considéré comme l'un des plus grands spécialistes mondiaux des dysfonctions sexuelles masculines.

*Cet ouvrage a été imprimé
sur presse CAMERON,
par Bussière Camedan Imprimeries
à Saint-Amand-Montrond (Cher)
pour le compte des Éditions Albin Michel.*

*Achevé d'imprimer en avril 1996.
N° d'édition : 15157. N° d'impression : 1/865.
Dépôt légal : mai 1996.*